IllustratorとPhotoshopとInDesignをまるごと使えるようになりたいという欲ばりな人のための本

CC 2014/CC/CS6 対応
for Windows & Mac OS X

I&D 著

X-Knowledge

本書を読む前に
必ずお読みください。

● 本書の内容は、執筆時点（2015年1月）の情報に基づいて制作されています。これ以降に製品、サービス、その他の情報の内容が変更されている可能性がありますので予めご了承ください。

● 本書は、パソコンならびにWindowsやMac OSの基本操作ができる方を対象としています。パソコンならびにWindowsやMac OSの基本操作については、別途市販の解説書などをご利用ください。

● 本書は、Windows 8.1でWindows版のAdobe Illustrator CS6、Adobe Photoshop CS6、Adobe InDesign CS6を使用して解説をしています。他のOSやバージョンを使用している場合は、画面や操作が本書の解説と異なる場合がありますので予めご了承ください。

● 本書の付録CD-ROMには、Adobe Photoshop CC/CS6、Adobe Illustrator CC/CS6の体験版は収録されていません。体験版をご利用の方は、アドビシステムズのWebサイト（http://www.adobe.com/jp/）からダウンロードしてください。なお、データ提供者（開発元・販売元等）、著作権者、当社では、体験版に関するご質問については一切受け付けておりません。

● 本書に記載された内容、ならびに付録CD-ROMに収録されたデータを使用して発生したいかなる損害についても、当社ならびに著作権者、データの提供者（開発元・販売元）は、一切の責任を負いかねます。個人の責任の範囲において使用してください。

● OSやパソコンの基本操作、記事に直接関係のない操作方法、ご使用の環境固有の設定や特定の機器向けの設定といった質問は受け付けておりません。本書の説明内容に関するご質問に限り、P.287に掲載している本書専用の「FAX質問シート」にて受け付けております。詳細はP.287をご覧ください。

● Adobe、Adobeロゴ、Adobe Photoshop、Adobe Illustrator、Adobe InDesign、Creative Suite、Creative Cloudは、Adobe Systems Incorporated（アドビ システムズ社）の米国ならびに他の国における商標または登録商標です。

● 本書中に登場する会社名や商品名は一般に各社の商標または登録商標です。本書では®およびTMマークは省略させていただいております。

● 本書の作例に登場する団体・人物などの名称はすべて架空のものです。

●協力
Manoir d'Inno（マノワール・ディノ 表参道）
人気の高級ブティックが立ち並ぶ「骨董通り」から一歩足を踏み入れた閑静な高級住宅街の一角に、大樹に囲まれた一軒家グランメゾン「Manoir d'Inno」はあります。樹齢百年を超える楠の木とともに、守り続ける変わらぬ味と空間を大切な方とご家族とお楽しみください。
住所　　　東京都渋谷区渋谷4-1-13
TEL　　　03-3406-0200
e-mail　　restaurant@manoirdinno.com
URL　　　http://www.manoirdinno.com/

カバーデザイン……長 健司（カインズ・アート・アソシエイツ）
撮影………………谷本 夏（studio track 72）
編集………………宮西君和
印刷………………図書印刷株式会社

はじめに

パソコンが広く普及した昨今、名刺やポストカードのデザインなどを自作するのは珍しいことではありません。無料のレイアウトソフトやワープロソフトを駆使して、これらを作成することも可能ですが、アドビシステムズ社の「Illustrator」や「Photoshop」、「InDesign」を使用すれば、より高品質な作品の作成が可能となります。

本書では、アドビシステムズ社の「Illustrator」「Photoshop」「InDesign」を使用して、ロゴ、名刺、案内図からパンフレットの作成まで、初心者でも簡単に作成できるように、手順を追って解説しています。アドビシステムズ社のソフトはインターフェイスが共通している部分が多く、ひとつのソフトを覚えると他のソフトも覚えやすくなります。どのソフトも多機能で奥が深いのですが、なにかを作成するのにすべての機能を使いこなす必要もありません。まず基本的な部分を、簡単な作例に習ってマスターしましょう。

アドビシステムズ社のWebサイト（https://www.adobe.com/jp/downloads/）から体験版をダウンロードして、1カ月間無料で使用することができます。ぜひチャレンジしてみてください。

最後に、本書の読者の方々、制作に協力していただいた方々、撮影にご協力いただいた「Manoir d'Inno」の皆様、テスト版を検証してくださった「DTPを学ぶ会」の皆様に心より感謝いたします。

I&D　宮川 修

目　次

Illustrator のキホンの基本　　　　　　　010

Illustratorの起動と終了 ⋯⋯⋯⋯⋯⋯⋯⋯⋯⋯⋯⋯⋯⋯⋯⋯⋯⋯⋯⋯ 010

Illustratorの操作画面と各部名称 ⋯⋯⋯⋯⋯⋯⋯⋯⋯⋯⋯⋯⋯⋯⋯ 012

パネルとワークスペース ⋯⋯⋯⋯⋯⋯⋯⋯⋯⋯⋯⋯⋯⋯⋯⋯⋯⋯⋯ 014

画面の表示サイズの変更と表示位置の移動 ⋯⋯⋯⋯⋯⋯⋯⋯⋯⋯ 016

スマートガイド ⋯⋯⋯⋯⋯⋯⋯⋯⋯⋯⋯⋯⋯⋯⋯⋯⋯⋯⋯⋯⋯⋯⋯ 017

Illustratorの環境設定 ⋯⋯⋯⋯⋯⋯⋯⋯⋯⋯⋯⋯⋯⋯⋯⋯⋯⋯⋯⋯ 018

Photoshop のキホンの基本　　　　　　　020

Photoshoppの起動と終了 ⋯⋯⋯⋯⋯⋯⋯⋯⋯⋯⋯⋯⋯⋯⋯⋯⋯⋯⋯ 020

Photoshopの操作画面と各部名称 ⋯⋯⋯⋯⋯⋯⋯⋯⋯⋯⋯⋯⋯⋯⋯ 022

パネルとワークスペース ⋯⋯⋯⋯⋯⋯⋯⋯⋯⋯⋯⋯⋯⋯⋯⋯⋯⋯⋯ 024

画面の表示サイズの変更と表示位置の移動 ⋯⋯⋯⋯⋯⋯⋯⋯⋯⋯ 026

Photoshopの環境設定 ⋯⋯⋯⋯⋯⋯⋯⋯⋯⋯⋯⋯⋯⋯⋯⋯⋯⋯⋯⋯ 027

InDesign のキホンの基本　　　　　　　028

InDesignの起動と終了 ⋯⋯⋯⋯⋯⋯⋯⋯⋯⋯⋯⋯⋯⋯⋯⋯⋯⋯⋯⋯ 028

InDesignの操作画面と各部名称 ⋯⋯⋯⋯⋯⋯⋯⋯⋯⋯⋯⋯⋯⋯⋯⋯ 030

パネルとワークスペース ⋯⋯⋯⋯⋯⋯⋯⋯⋯⋯⋯⋯⋯⋯⋯⋯⋯⋯⋯ 032

画面の表示サイズの変更と表示位置の移動 ⋯⋯⋯⋯⋯⋯⋯⋯⋯⋯ 033

InDesignの環境設定 ⋯⋯⋯⋯⋯⋯⋯⋯⋯⋯⋯⋯⋯⋯⋯⋯⋯⋯⋯⋯⋯ 034

InDesignの新規ドキュメント ⋯⋯⋯⋯⋯⋯⋯⋯⋯⋯⋯⋯⋯⋯⋯⋯⋯ 035

印刷のキホンの基本 036

カラー 036
解像度 038
フォント 039
画像の配置 041
PDF入稿 041

グリッドシステムのキホンの基本 042

グリッドシステムのパターン 042
Illustratorのグリッドとガイド 044
InDesignのグリッドとガイド 046

Example 1
ロゴを作成する 048

ラフスケッチの作成／新規ドキュメントの作成／長方形の作成／文字の入力／文字の設定／塗りと線の設定／文字のアウトライン化とオブジェクトの変形／炎の形状の作成／ロゴの完成／別案のすすめ

Example 2
名刺を作成する 062

名刺サイズの決定／新規ドキュメントの作成／トリムマーク（トンボ）の作成／レイヤーの設定／定規の表示と原点の設定／ガイドラインの作成／背景の作成／ロゴの配置／文字の入力／別案のすすめ

目　次

Example 3
案内図を作成する ……………………………………………………………………082

下絵となる地図を用意／画像の配置／道路の作成／線路の作成／建物の配置／川と公園、背景色の追加／文字の入力／案内図の完成／別案のすすめ

Example 4
ポストカードを作成する ……………………………………………………………106

ラフスケッチの作成／トンボ（トリムマーク）の作成／ファイルの保存／裏面の作成①グリッドの配置／裏面の作成②画像の解像度／カラーモードの確認／裏面の作成③画像の配置とトリミング／裏面の作成④ロゴの配置／裏面の作成④文字の入力／裏面の作成⑤トリミングした写真の縮小／裏面の作成⑥グラデーションマスク／表面の作成①グリッドの配置／表面の作成②案内図の配置／表面の作成③文字の入力-1／表面の作成④シャンパングラスの作成／表面の作成⑤文字の入力-2／表面の作成⑥はがきの規定表記を配置

Example 5
チラシを作成する ……………………………………………………………………142

トンボ（トリムマーク）の作成／グリッドの配置／背景の作成／写真の加工①トリミング/切り抜き／写真の加工②イラストタッチに変換／写真の加工③画像の修正／写真の加工④画像に着色／写真の加工⑤カラーモードの変更／イラストの配置／画像の配置とマスク／文字の入力／ロゴの配置

Example 6
写真を補正／加工する 172

明るさの補正／色の補正／彩度の補正／傾きの補正／「ねむい」写真の補正／写真の切り抜き／レイヤーマスクを使った一部分の補正

Example 7
小冊子を作成する 194

マスターページの作成／アクションを利用した画像の一括自動処理／マスターページの追加／扉ページの作成／作成したページをマスターページとして登録／テキストの流し込み／グラフィックフレームに画像ファイルを読み込む／段落スタイルの活用／タイトル文字の修飾／つづきの本文の作成／次コーナーのページの作成／表紙の作成／目次ページの作成／

Example 8
パンフレットを作成する 248

ラフレイアウトとグリッドガイドの作成／表紙画像の作成／表紙の作成／2-3ページの作成／4-5ページの作成／6-7ページの作成／裏表紙の作成／出力用データの作成

索引 280

本書について

- 本書は、Adobe Illustrator、Adobe Photoshop、Adobe InDesignを相互に連携しながら作品をつくる工程を通して、基本機能や操作を習得するための解説書です。
- 完成作品はWindows版のバージョンCS6で作成しており、操作方法や画面図もCS6を基にしています。CC 2014/CCでも問題なく操作できますが、画面や操作が異なる部分は、注記してあります。
- 完成作品と使用する画像等は、すべて付録CD-ROMに収録されています。
- Mac OS版の場合は、キー操作を以下のように読み替えてください。
    - ● Windows の [Ctrl] キーは、Mac OSでは [command] キー
    - ● Windows の [Alt] キーは、Mac OSでは [option] キー
    - ● Windows の [Enter] キーは、Mac OSでは [return] キー

付録CD-ROMと収録データの使い方およびご使用上の注意

付録CD-ROMを使用する前に必ずお読みください

付録CD-ROMは、Windows（Windows 7/8/8.1）とMac OS（Mac OS 10.6.8以降）に対応しています。ただし、Mac OS版CC 2014/CCをお使いの場合は、各ソフトの対応OSがMac OS 10.7以降となっているのでご注意ください。

収録データは、必ずパソコンにコピーしてからご使用ください。収録されたデータを使用したことによるいかなる損害についても、当社ならびに著作権者、データの提供者（開発元・販売元）は、一切の責任を負いかねます。個人の責任において使用してください。

本書の内容に関係のないAdobe Illustrator、Adobe Photoshop、Adobe InDesignの使い方などについてのご質問は一切受け付けておりません。

収録データの対応バージョンについて

Adobe Illustrator CS6/CC/CC 2014
Adobe Photoshop CS6/CC/CC 2014
Adobe InDesign CS6/CC/CC 2014
各Windows版、Macintosh版

※使用するソフトのバージョンや、OS、パソコンにインストールされているフォントによって、表示される内容が変わる場合があります。

008

付録CD-ROMの収録内容

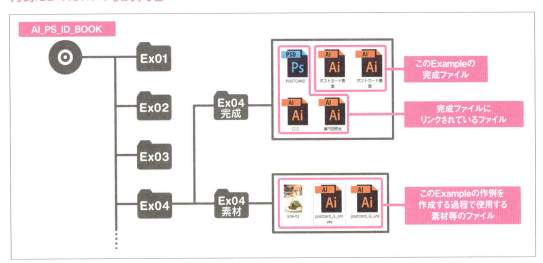

- 各ソフトのバージョン、OSによってファイルのアイコンは異なります。
- ファイルの種類を表す拡張子（ai、psd、indd、jpgなど）は、OSや設定によって表示される場合、されない場合があります。本書ではWindows 8.1の初期設定の状態で掲載しています。
- ドキュメントに含まれるリンク先のソースが変更されている、という旨のメッセージが表示された場合は、[リンクを更新]をクリックしてファイルを開いて下さい。

付録CD-ROMには、本書の作例の完成データや素材データが収録されています。
ファイルはExampleごとのフォルダーに分類されており、さらに各Exampleの完成作品を収録した「完成」フォルダーと、作品に使用する画像ファイル等を収録した「素材」フォルダーに分かれています。

収録データのファイル形式

収録ファイルは、Adobe Illustrator CS6、Adobe Photoshop CS6、Adobe InDesign CS6で作成され、バージョンCS6/CC/CC 2014で利用できます。
また、WindowsとMac OSのどちらでも利用できるようになっています。

フォントについて

収録ファイルでは、それぞれフォントが割り当てられています。ご使用のパソコンにそれらのフォントがインストールされていない場合には、別のフォントに置き換えられて表示されますので、あらかじめご了承ください。
その場合には、図のようなフォントがないことを知らせるダイアログが表示されます。

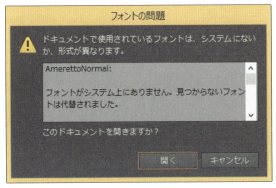 

置き換えられたフォントは、[フォント検索] コマンドなどで、一括で別のフォントに置き換えることができます。
方法については、各ソフトのマニュアルやヘルプをご参照ください。

Basic 1

Illustratorのキホンの基本

デザインに携わる人々に絶大に支持されているグラフィック作成ソフトです。
イラストや図面はもちろんのこと、企画書やチラシ、ページ数の少ないカタログやパンフレット作成に力を発揮します。
多機能が故にすべてを習得するには多くの時間を要しますが、まずは基本的なことを習得し、簡単なアートワークを作成しながら覚えていきましょう。

Illustratorの起動と終了

（ご使用のコンピュータに、あらかじめIllustrator CS6をインストールしてあることを前提で解説しています）

Windows 8.1の場合

起動

[スタート画面]の左下にある⊙アイコンをクリックして[アプリ画面]に切り替え、Illustratorのアイコンをクリックすると、Illustratorを起動できます。

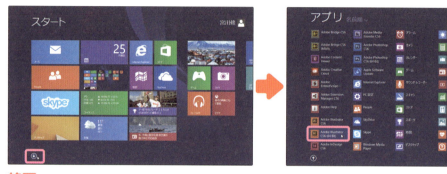

終了

メニューバーの[ファイル]メニュー→[終了]を選択して、終了します。
メニューバーの右上にある✕[閉じる]ボタンをクリックしても、終了できます。

Windows 7の場合

起動

画面左下にある[スタート]ボタン→[すべてのプログラム]の順にクリックし、[Adobe Illustrator CS6]を選択します。

Mac OSの場合

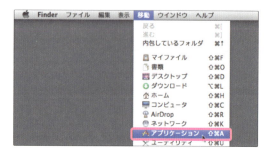

起動

メニューバーの[移動]→[アプリケーション]を選択し、[アプリケーション]フォルダーを表示します。[Adobe Illustrator CS6]フォルダーをダブルクリックして開き、Illustratorのアイコンをダブルクリックして起動します。

終了

メニューバーの[Illustrator]メニュー→[Illustratorを終了]を選択して、終了します。

一発起動

●Windows

[アプリ画面]のIllustratorアイコン上で右クリックし、画面下部に表示される[スタート画面にピン留めする]アイコンをクリックして、Illustratorをタイルに登録します。Illustratorを起動するには、[スタート画面]に表示されたタイルをクリックするだけです。

●Mac OS

「Adobe Illustrator CS6」フォルダーの中にあるIllustratorのアイコンをドラッグして、Illustratorをドックに登録します。Illustratorを起動するには、このアイコンをクリックするだけです。

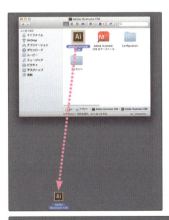

011

Illustratorの操作画面と各部名称

Illustratorを起動し、新規ドキュメントを作成した状態です。

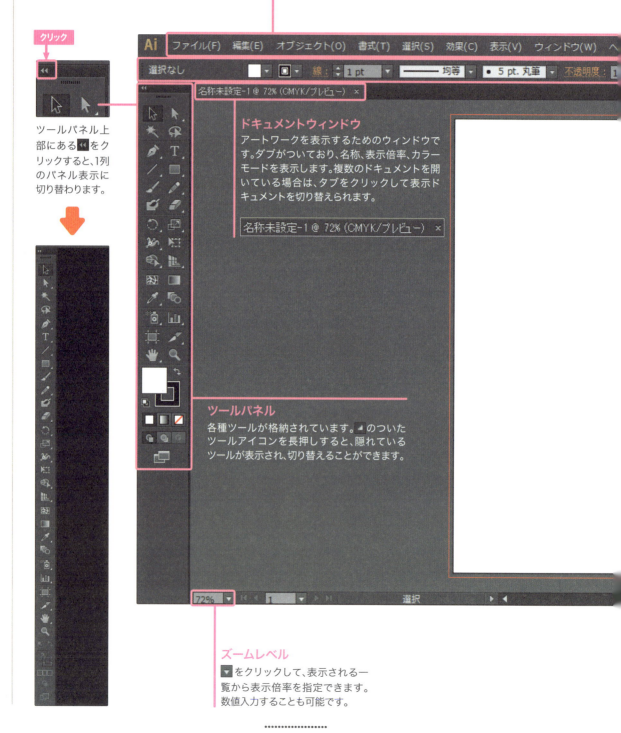

クリック

ツールパネル上部にある◀◀をクリックすると、1列のパネル表示に切り替わります。

メニューバー
操作項目が作業別に分類されています。選択することで作業を実行したり、関連画面を表示することができます。

ドキュメントウィンドウ
アートワークを表示するためのウィンドウです。タブがついており、名称、表示倍率、カラーモードを表示します。複数のドキュメントを開いている場合は、タブをクリックして表示ドキュメントを切り替えられます。

ツールパネル
各種ツールが格納されています。◢のついたツールアイコンを長押しすると、隠れているツールが表示され、切り替えることができます。

ズームレベル
▼をクリックして、表示される一覧から表示倍率を指定できます。数値入力することも可能です。

012

コントロールパネル

選択したオブジェクトやツールに合わせオプションの表示内容が切り替わり、素早く設定を変更できます。

各種パネル

様々なパネルがアイコン表示で右側のドックに格納されています。使用したいパネルのアイコンをクリックすると、パネルが表示されます。

ドックに格納されているパネル以外のパネルは、[ウィンドウ]メニューから選択することで、表示できます。

パネルアイコン上部の 《 をクリックすると、格納されているパネルがすべて展開表示されます。

パネルとワークスペース

アートワークを作成するツールの選択や、色などの設定や管理、装飾のためのフィルターの設定は、各種パネルで行います。パネルは画面右側のドックにあらかじめいくつか格納されていますが、格納されていないパネルは、[ウィンドウ]メニューから選択して表示できます。
ドキュメントウィンドウやパネル、ドックの配置は、作業しやすいように移動し、「ワークスペース」として保存できます。

パネルの操作

パネルの移動

パネルのタブ部分をドラッグして、格納場所から切り離し好きなところに移動できます。

パネルの切り替え

複数のパネルが格納されている場合はタブのクリックで表示が切り替わります。

パネルオプションの表示とパネルメニューの選択

パネル右上の をクリックするとパネルメニューが表示され、オプションを選択できます。[オプションを表示]を選択すると、パネルが拡張されたオプション表示になります。

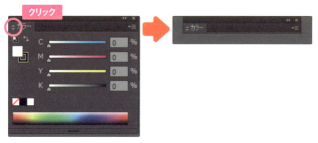

タブの左側に がある場合はオプション表示／非表示、さらにたたみ込まれた表示に切り替えることができます。

014

パネルのアイコン化

パネルのタブにある <<をクリックすると、パネルをアイコン表示にできます。
>>をクリックするか、アイコンをクリックすると展開表示になります。

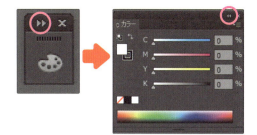

パネルのグループ化とドッキング

タブをドラッグして別のパネルに重ねると、そのパネルに格納されグループとなります。また、パネルをドラッグして別のパネルの下や横に重ねてドッキングすることもできます。

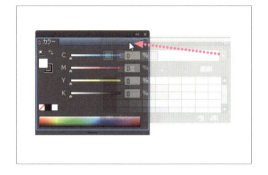

ワークスペースの保存とリセット

[ウィンドウ]メニュー→[ワークスペース]、またはメニューバーの[初期設定]ボタンから、[新規ワークスペース]を選択すると、作業画面を変更したワークスペースを保存できます。[初期設定をリセット]を選択すると、変更したワークスペースを初期状態に戻すことができます。

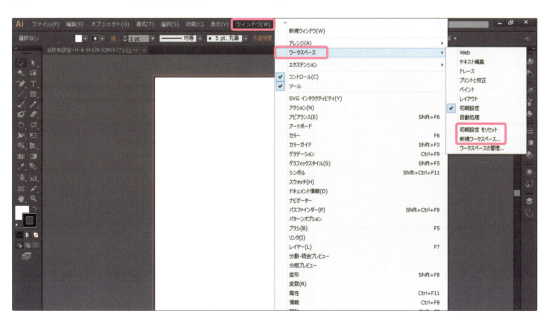

画面の表示サイズの変更と表示位置の移動

アートワークを作成中は、細かい作業する場合に画面表示を拡大したり、全体を確認するために縮小したり、表示を移動させたりという操作を頻繁に行います。Illustratorでは作業効率を高めるため、表示の拡大・縮小や移動方法が複数用意されています。

表示サイズの変更

最も頻繁に使用するのはツールパネルの🔍[ズーム]ツールです。🔍[ズーム]ツールを選択して画面上をクリックするたびに、表示が拡大されます。また、拡大したい部分をドラッグして表示することも可能です。
[Alt]キーを押すと拡大鏡の中が「ー」に変わり、クリックするたびに縮小表示されます。
その他、[表示]メニューや[ズームレベル](P.012参照)でも表示サイズを変更できます。

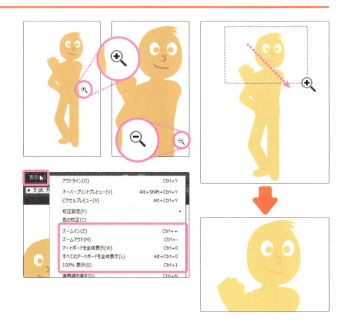

表示位置の移動

✋[手のひら]ツールを選択して、画面上をドラッグすると、表示位置を移動できます。他のツールでの作業中でも、[スペース]キーを押すと一時的に✋[手のひら]ツールに切り替えられ、表示位置を移動できます。
[ウィンドウ]メニュー→[ナビゲーター]を選択して[ナビゲーター]パネルを表示して、赤い枠で表示位置を移動したり、[ズームスライダー]で表示サイズを変更できます。

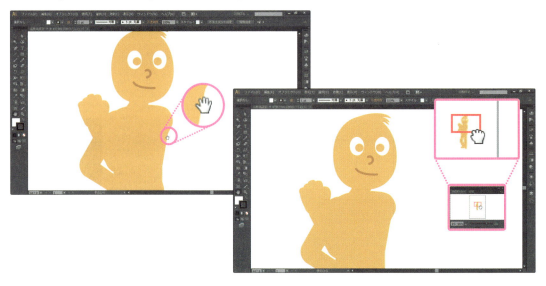

スマートガイド

スマートガイドはオブジェクトを操作する際に、画面上に位置情報やオブジェクトの名称などを表示する機能です。オブジェクトを移動したり変形する際の目安となり、正確なアートワークの作成の補助になります。初期設定では有効になっていますが、表示されない場合は、[表示]メニュー→[スマートガイド]を選択します。有効になっているときは、チェックマークが表示されます。表示内容は環境設定で変更できます（次ページ参照）。なお、本書では見やすさを優先するため、スマートガイドは無効にしています。

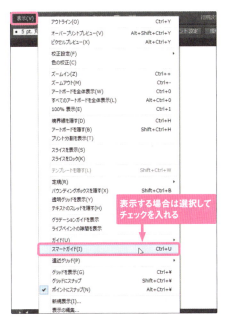

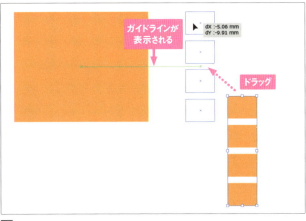

[選択]ツールで右下の4つの四角形を選択して、左上の大きな四角形に近づけています。移動しているオブジェクトと近くのオブジェクトの中心や辺が揃うと、ガイドラインが表示されます。

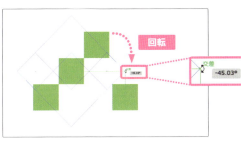

角度を変えると、元の位置からの角度や周囲のオブジェクトの位置関係などが表示されます。

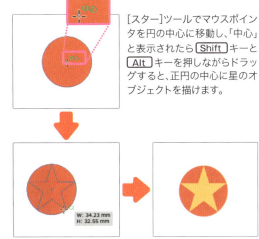

[スター]ツールでマウスポインタを円の中心に移動し、「中心」と表示されたら Shift キーと Alt キーを押しながらドラッグすると、正円の中心に星のオブジェクトを描けます。

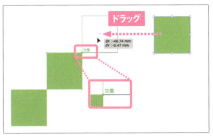

オブジェクトをドラッグして角と角の部分に「交差」と表示された時点でマウスを離すと、角と角を正確に合わせて配置できます。

017

Illustratorの環境設定

［編集］メニュー（Macでは［Illustrator］メニュー）→［環境設定］→［一般（または目的の項目）］を選択して表示される［環境設定］ダイアログでは、Illustratorの動作方法などのオプションを、ユーザーが使いやすいように設定できます。左に表示される12項目（Illustrator CC 2014は［設定を同期］が増えて13項目）のいずれかをクリックすると、その項目で設定できる内容が表示されます。

なお、ファイルを開きドキュメントウィンドウ上で何も選択していない状態で、［コントロールパネル］の［環境設定］ボタンをクリックしても、［環境設定］ダイアログを表示できます。

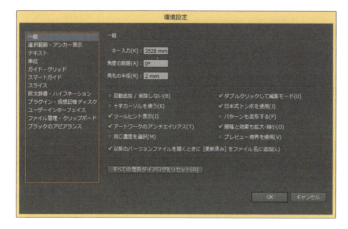

［単位］の設定

［環境設定］ダイアログ左側の［単位］を選択すると、ダイアログの表示が［単位］の設定内容に切り替わります。

変更したい項目の▼をクリックして、表示される一覧から単位を選択します。ここでは「文字」の単位を「級」に変更しています。

［OK］ボタンをクリックして確定します。

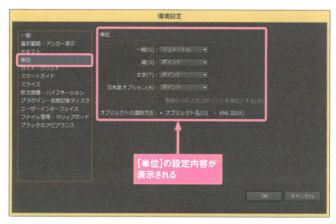

［単位］の設定内容が表示される

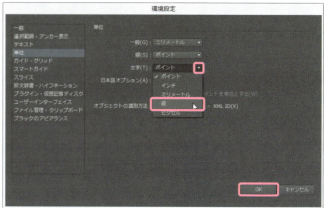

018

[スマートガイド]の設定

同様に[スマートガイド]を選択すると、ダイアログの表示が[スマートガイド]の設定内容に切り替わります。
ここではスマートガイドの表示色や表示内容を設定できます。

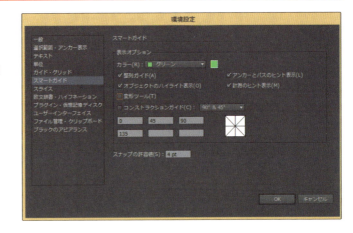

[ユーザーインターフェイス]の設定

好みによって、インターフェイスの明るさやアートボード周辺のカンバスを、白色に変えることができます。

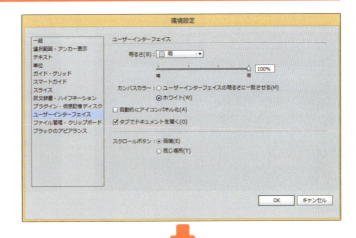

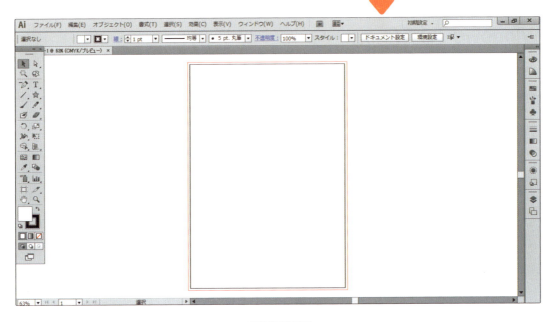

Basic 2

Photoshopのキホンの基本

グラフィックデザイナー、フォトグラファー、イラストレーター必携のグラフィックソフトです。写真やイラストなどの画像処理に特化しており、IllustratorやInDesignで画像を取り扱うアートワークを作成する際には必須のソフトです。
あらゆる画像加工が可能かと思われるほど奥が深いソフトですが、本書で解説している補正や解像度の変更などは、簡単に覚えられる操作です。

Photoshopのの起動と終了

（ご使用のコンピュータに、あらかじめPhotoshop CS6をインストールしてあることを前提で解説しています）

Windows 8.1の場合

起動

［スタート画面］の左下にある ⬇ アイコンをクリックして［アプリ画面］に切り替え、Photoshopのアイコンをクリックすると、Photoshopを起動できます。

終了

メニューバーの［ファイル］メニュー→［終了］を選択して、終了します。
メニューバーの右上にある ✕ ［閉じる］ボタンをクリックしても、終了できます。

Windows 7の場合

起動

画面左下にある［スタート］ボタン→［すべてのプログラム］の順にクリックし、［Adobe Photoshop CS6］を選択します。

Mac OSの場合

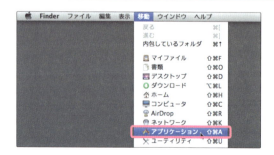

起動

メニューバーの［移動］→［アプリケーション］を選択し、［アプリケーション］フォルダーを表示します。［Adobe Photoshop CS6］フォルダーをダブルクリックして開き、Photoshopのアイコンをダブルクリックして起動します。

020

終了

[Photoshop]メニューから[Photoshopを終了]を選択して、終了します。

一発起動

●Windows

[アプリ画面]のPhotoshopアイコン上で右クリックし、画面下部に表示される[スタート画面にピン留めする]アイコンをクリックして、Photoshopをタイルに登録します。Photoshopを起動するには、[スタート画面]に表示されたタイルをクリックするだけです。

●Mac OS

「Adobe Photoshop CS6」フォルダーの中にあるPhotoshopのアイコンをドラッグして、Photoshopをドックに登録します。Photoshopを起動するには、このアイコンをクリックするだけです。

Photoshopの操作画面と各部名称

Photoshopを起動し、新規ドキュメントを作成した状態です。

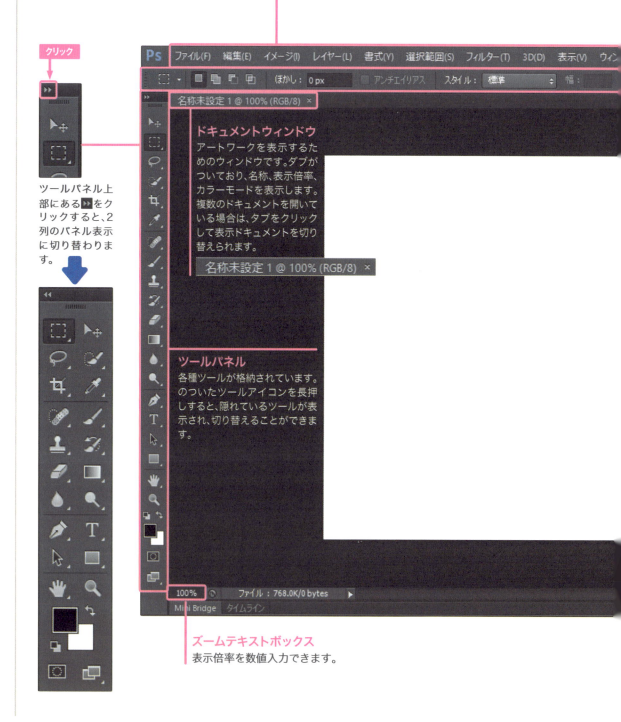

メニューバー
操作項目が作業別に分類されています。選択することで作業を実行したり、関連画面を表示することができます。

クリック

ツールパネル上部にある▶▶をクリックすると、2列のパネル表示に切り替わります。

ドキュメントウィンドウ
アートワークを表示するためのウィンドウです。タブがついており、名称、表示倍率、カラーモードを表示します。複数のドキュメントを開いている場合は、タブをクリックして表示ドキュメントを切り替えられます。

ツールパネル
各種ツールが格納されています。◢のついたツールアイコンを長押しすると、隠れているツールが表示され、切り替えることができます。

ズームテキストボックス
表示倍率を数値入力できます。

オプションバー

選択したオブジェクトやツールに合わせオプションの表示内容が切り替わり、素早く設定を変更できます。

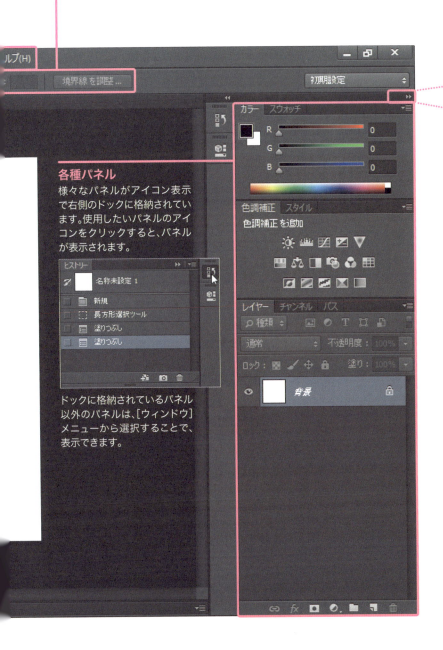

各種パネル

様々なパネルがアイコン表示で右側のドックに格納されています。使用したいパネルのアイコンをクリックすると、パネルが表示されます。

ドックに格納されているパネル以外のパネルは、[ウィンドウ]メニューから選択することで、表示できます。

パネルアイコン上部の▶▶をクリックすると、展開されているパネルがすべてアイコン化されます。

パネルとワークスペース

Photoshopのパネルとワークスペースは、Illustratorとほぼ同じように操作できます。

パネルの操作

パネルの移動

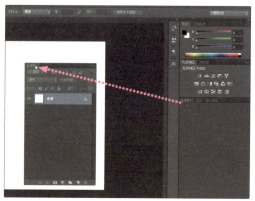

パネルのタブ部分をドラッグして、格納場所から切り離し好きなところに移動できます。また、ドック内での位置を移動させることもできます。

パネルの切り替え

複数のパネルが格納されている場合はタブのクリックで表示が切り替わります。

パネルメニューの表示

パネル右上の■をクリックすると、パネルメニューが表示されます。

パネルのアイコン化

パネルのタブにある■をクリックすると、パネルをアイコン表示にできます。
■をクリックするか、アイコンをクリックすると展開表示になります。

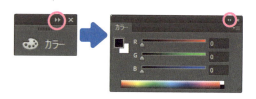

パネル名付きアイコン表示にする

ドックの幅をドラッグして広げると、パネル名の付いたアイコンで表示されます。

不要なパネルを閉じる

使用しないパネルを非表示にするには、パネルメニューから[閉じる]を選択します。
パネルのグループ化やドッキングは、Illustratorと同様の操作で行えます(P.015参照)。

ワークスペースの保存とリセット

[ウィンドウ]メニュー→[ワークスペース]、またはメニューバーの[初期設定]ボタンから、[新規ワークスペース]を選択すると、作業画面を変更したワークスペースを保存できます。[初期設定をリセット]を選択すると、変更したワークスペースを初期状態に戻すことができます。

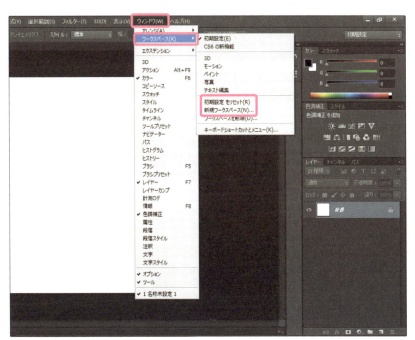

画面の表示サイズの変更と表示位置の移動

Photoshopでは、画像の細部を確認するために画面表示を拡大したり、全体を確認するために縮小したり、表示を移動させたりという操作の方法が、複数用意されています。

表示サイズの変更

[ズーム]ツールを選択すると、コントロールパネルに と の拡大鏡のアイコンが表示されます。 が[ズームイン]ツールで が[ズームアウト]ツールです。いずれかのツールを選択して画面上をクリックするたびに、画像が拡大または縮小されます。

[Alt]キーを押すと、 と を一時的に切り替えられます。

あるいはいずれかのツールで画面上を左右にドラッグするだけでも、表示が拡大・縮小されます。

コントロールパネルには、[100%]ボタン(最も正確な等倍ピクセル表示)、[画面サイズ]ボタン(画像の長辺をウィンドウサイズに合わせて表示)、[画面にフィット]ボタン(画像の短辺をウィンドウサイズに合わせて表示)があり、クリックで瞬時に表示を切り替えられます。

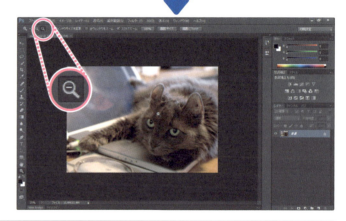

その他、[表示]メニューやズームテキストボックス(P.022)でも表示サイズを変更できます。

表示位置の移動

[手のひら]ツールを選択して、画面上をドラッグすると、表示位置を移動できます。他のツールでの作業中でも、[スペース]キーを押すと一時的に[手のひら]ツールに切り替えられ、表示位置を移動できます。

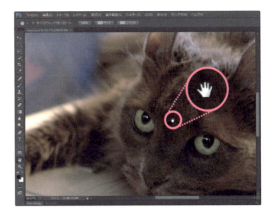

[ウィンドウ]メニュー→[ナビゲーター]を選択して[ナビゲーター]パネルを表示して、赤い枠で表示位置を移動したり、[ズームスライダー]で表示サイズを変更できます。

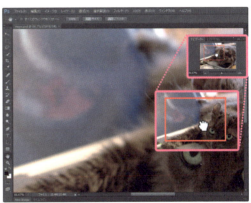

Photoshopの環境設定

[編集]メニュー(Macでは[Photoshop]メニュー)→[環境設定]→[一般(または目的の項目)]を選択して表示される[環境設定]ダイアログでは、Photoshopの動作方法などのオプションを、ユーザーが使いやすいように設定できます。左に表示される11項目(Photoshop CC 2014は[設定を同期][仮想記憶ディスク][試験機能]が増えて14項目)のいずれかをクリックすると、その項目で設定できる内容が表示されます。

Basic
3

InDesignのキホンの基本

書籍や雑誌など、ページの多い印刷物を作成するためのソフトです。ページの概念を持ち、作成・編集・管理を比較的簡単に行えるため、社内報や同人誌などのページものの作成に力を発揮します。また、電子書籍を作成する機能も搭載されています。
操作方法はIllustratorと似ている部分が多いので、同時に習得すると効率がよいでしょう。

InDesignの起動と終了

(ご使用のコンピュータに、あらかじめInDesign CS6をインストールしてあることを前提で解説しています)

Windows 8.1の場合

起動

[スタート画面]の左下にある◎アイコンをクリックして[アプリ画面]に切り替え、InDesignのアイコンをクリックするとInDesignを起動できます。

初期設定では、InDesignを起動すると右図のようなダイアログが表示されます。
ダイアログを閉じるには、■[閉じる]ボタン(Macでは左上の丸ボタン)をクリックします。起動時にこのダイアログを表示しないようにするには、「次回から表示しない」にチェックを入れます。

終了

メニューバーの[ファイル]メニュー→[終了]を選択して、終了します。メニューバーの右上にある■[閉じる]ボタンをクリックしても、終了できます。

Windows 7の場合

起動

画面左下にある[スタート]ボタン→[すべてのプログラム]の順にクリックし、[Adobe InDesign CS6]を選択します。

Mac OSの場合

起動

[移動]メニューから[アプリケーション]を選択し、[アプリケーション]フォルダを表示します。[Adobe InDesign CS6]フォルダをダブルクリックして開き、InDesignのアイコンをダブルクリックして起動します。

 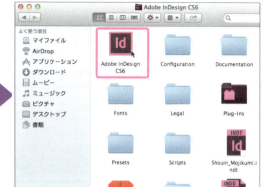

終了

[InDesign]メニューから[InDesignを終了]を選択して、終了します。

 一発起動

●Windows

[アプリ画面]のInDesignアイコン上で右クリックし、画面下部に表示される[スタート画面にピン留めする]アイコンをクリックして、InDesignをタイルに登録します。InDesignを起動するには、[スタート画面]に表示されたタイルをクリックするだけです。

●Mac OS

「Adobe InDesign CS6」フォルダーの中にあるInDesignのアイコンをドラッグして、InDesignをドックに登録します。InDesignを起動するには、このアイコンをクリックするだけです。

 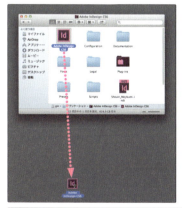

InDesignの操作画面と各部名称

InDesignを起動し、新規ドキュメントを作成した状態です。

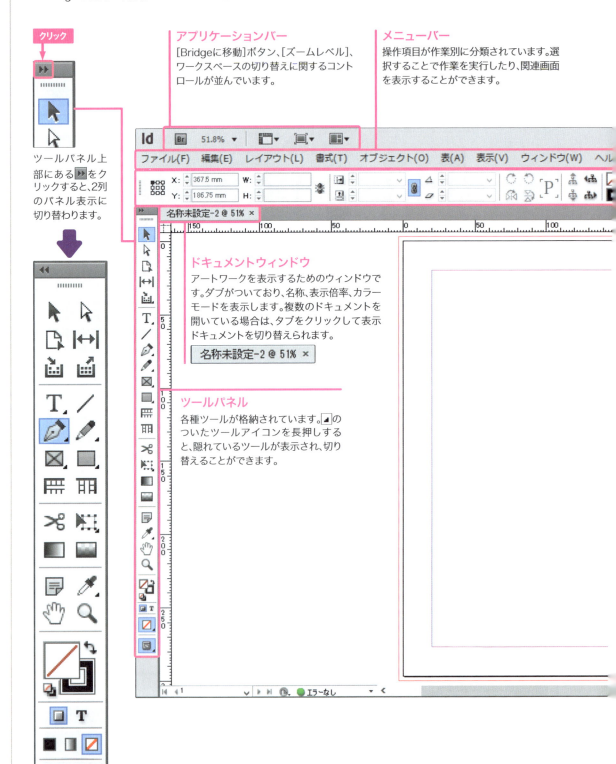

クリック

ツールパネル上部にある ▶▶ をクリックすると、2列のパネル表示に切り替わります。

アプリケーションバー
[Bridgeに移動]ボタン、[ズームレベル]、ワークスペースの切り替えに関するコントロールが並んでいます。

メニューバー
操作項目が作業別に分類されています。選択することで作業を実行したり、関連画面を表示することができます。

ドキュメントウィンドウ
アートワークを表示するためのウィンドウです。タブがついており、名称、表示倍率、カラーモードを表示します。複数のドキュメントを開いている場合は、タブをクリックして表示ドキュメントを切り替えられます。

ツールパネル
各種ツールが格納されています。◢のついたツールアイコンを長押しすると、隠れているツールが表示され、切り替えることができます。

030

コントロールパネル

選択したオブジェクトやツールに合わせオプションの表示内容が切り替わり、素早く設定を変更できます。

各種パネル

様々なパネルがアイコン表示で右側のドックに格納されています。使用したいパネルのアイコンをクリックすると、パネルが表示されます。

ドックに格納されているパネル以外のパネルは、[ウィンドウ]メニューから選択することで、表示できます。

パネルアイコン上部の << をクリックすると、格納されているパネルがすべて展開表示されます。

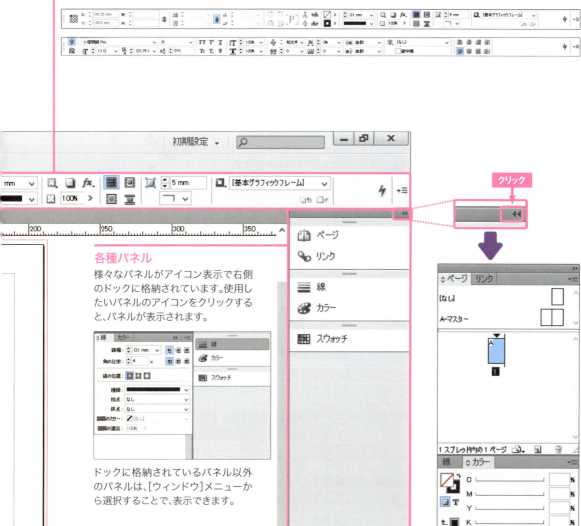

Basic 3 InDesignのキホンの基本

031

パネルとワークスペース

InDesignのパネルとワークスペースは、Illustratorとほぼ同じように操作できます。

パネルの操作

パネルの移動

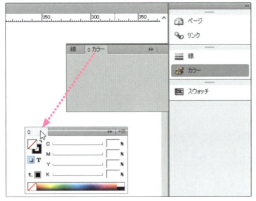

パネルのタブ部分をドラッグして、格納場所から切り離し好きなところに移動できます。

パネルの切り替え

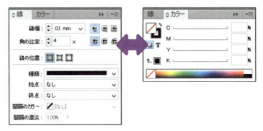

複数のパネルが格納されている場合は、タブのクリックで表示が切り替わります。

パネルメニューの表示

パネル右上の ▼≡ をクリックすると、パネルメニューが表示されます。

ワークスペースの保存とリセット

[ウィンドウ]メニュー→[ワークスペース]、またはメニューバーの[初期設定]ボタンから、[新規ワークスペース]を選択すると、作業画面を変更したワークスペースを保存できます。[初期設定をリセット]を選択すると、変更したワークスペースを初期状態に戻すことができます。

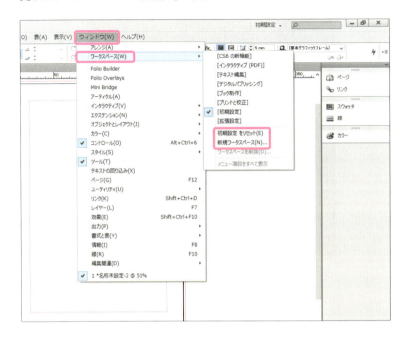

画面の表示サイズの変更と表示位置の移動

InDesignでは、細かい作業をする際に画面表示を拡大したり、全体を確認するために縮小したり、表示を移動させたりという操作の方法が、複数用意されています。これらの操作方法はIllustratorとほぼ同じです。詳しくはP.016を参照してください。

表示サイズの変更

最も頻繁に使用するのはツールパネルの[ズーム]ツールです。その他、[表示]メニューや[ズームレベル]でも表示サイズを変更できます。

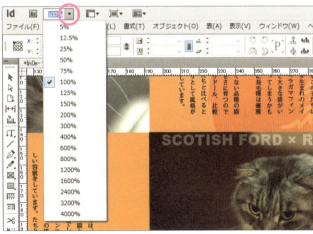

[ズームレベル]で変更

表示位置の移動

[手のひら]ツールを選択して、画面上をドラッグすると表示位置を移動できます。他のツールでの作業中でも、[スペース]キーを押すと一時的に[手のひら]ツールに切り替えられ、表示位置を移動できます。

InDesignの環境設定

[編集]メニュー（Macでは[InDesign]メニュー）→[環境設定]→[一般（または目的の項目）]を選択して表示される[環境設定]ダイアログでは、InDesignの動作方法などのオプションを、ユーザーが使いやすいように設定できます。左に表示される20項目（InDesign CC 2014は[設定を同期]が増えて21項目）のいずれかをクリックすると、その項目で設定できる内容が表示されます。

[単位と増減値]の設定：

日本では[組版]は「歯」、[テキストサイズ]は「級」が使われることが多いようです。1級と1歯は同じ大きさで、「1級＝1歯＝0.25mm」です。

034

[表示画質]の設定:

InDesignの作業中に画面表示や処理速度が遅く感じる場合は、[オプション]の[デフォルト表示]や[表示設定を調整]を「高品質」以外に調整すると、速度を上げることができます。

InDesignの新規ドキュメント

InDesignで新規ドキュメントを作成する際には、[レイアウトグリッド]か[マージン・段組]のいずれかを選択する必要があります。[レイアウトグリッド]を選択すると、新規ドキュメントにレイアウトグリッド（薄い緑色のマス目）が表示され、[マージン・段組]を選択すると、マージンガイドのみが表示されます（P.197コラム参照）。

それぞれのレイアウト方法は、Example 7（レイアウトグリッド）、Example 8（マージン・段組）で解説しています。最初にどちらを選択しても、[表示]メニュー→[グリッドとガイド]→[レイアウトグリッドを隠す／レイアウトグリッドを表示]で切り替えることができます。

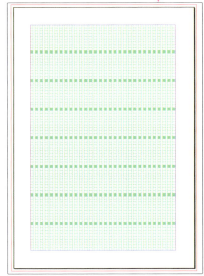

035

印刷のキホンの基本

ここで説明する印刷とは、印刷会社や出力サービスビューローなどに依頼する商用印刷のことです。商用印刷を利用するには、いくつかの決まりごとがあります。

カラー

色の表現方法

一般的な色の表現方法には、RGBとCMYKの2種類があり、画像の用途によって使い分けます。

RGB

RGBは、光の3原色と呼ばれる「赤(R)」「緑(G)」「青(B)」の3色のかけ合わせで色を表現します。それぞれの色は0〜255の256段階に輝度を設定することができ、すべての色の輝度が0なら「黒」、255なら「白」で表現されます。パソコンのモニタ表示はRGBで表現されています。

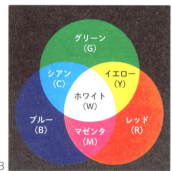

RGB

CMYK

CMYKは「シアン(C)」「マゼンタ(M)」「イエロー(Y)」の色の3原色に、「ブラック(K)」の4色のかけ合わせで色を表現します。一般的なカラー印刷はCMYKで表現されています。

それぞれの色に0%〜100%の段階があり、3原色の色が0%なら「白(紙色)」100%なら「黒」で表現されます。ただ、3色のインクを混ぜても正確な黒にならないため、黒を表現するためには通常、ブラックのインクのみか、ブラックに他のインクをそれぞれ混ぜたリッチブラックを使用します。

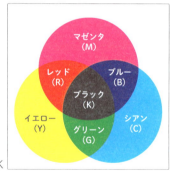

CMYK

カラーモード

カラーモードとは、モニタ上に表示するカラー様式です。InDesignなどのDTPソフトでCMYKモードを設定すると、CMYKによる印刷出力をモニタ上でシミュレート表示できます。

InDesignとIllustratorでは、新規ドキュメントの作成時に、[ドキュメントプロファイル]または[プロファイル]で「プリント」を選択すると、自動的にカラーモードがCMYKモードに設定されます。

InDesignの[新規ドキュメント]ダイアログ

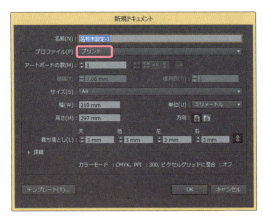
Illustratorの[新規ドキュメント]ダイアログ

Photoshopで合成や加工などの作業を行う場合、CMYKモードでは制限が多いのでRGBモードで行います。ただし、IllustratorやInDesignに配置する場合は、必ずCMYKモードに変換します。また特殊なケースとして、Photoshopの画像はRGBモードで入稿する場合もあるので、確認が必要です。

カラー設定

Adobe社のDTPソフトは、出力環境に合わせたカラーマネジメントの設定を簡単に行うことができます。Illustrator、InDesign、Photoshopともに、[編集]メニューから[カラー設定]を選択し、表示される[カラー設定]ダイアログで設定します。一般的な商用印刷では、[設定]で「プリプレス用-日本2」を選択します。

InDesignの[カラー設定]ダイアログ

Illustratorの[カラー設定]ダイアログ

上質紙に印刷する場合は、[作業用スペース]の[CMYK]を「CMYK：Japan Color 2001 Uncoated」に設定します。その他、[設定]で雑誌や新聞用に設定することも可能です。用途に合わせて変更しましょう。
なお稀に、印刷会社や出力サービスビューロで、カラーマネジメントの設定の指定がある場合や、プロファイルを用意している場合があるので、あらかじめ確認が必要です。

InDesignで上質紙に印刷する場合の[CMYK]

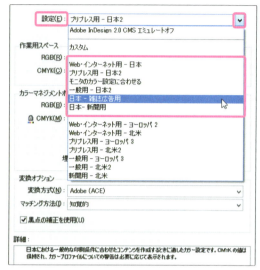

[設定]を変更することも可能

解像度

一般的な商用印刷に必要な画像解像度は、300～400dpiが推奨されています。配置した画像の解像度が低いと、「シャギー」と呼ばれるギザギザの表示になったり、細部がぼやけてきれいに印刷できません。

72dpiの画像

350dpiの画像

配置したサイズで必要解像度を満たしているか、必ず確認しましょう。Photoshopでは、[イメージ]メニューから[画像解像度]を選択し、表示される[画像解像度]ダイアログで、[解像度]の数値を確かめます。
InDesignでは、[リンク]パネルで該当するリンクファイルを選択し、表示される「リンク情報」で確認します。

Photoshopの場合。幅と高さを実サイズにして、解像度が足りているか確認

InDesignの場合。[リンク]パネルで該当のファイルを選択し、リンク情報を表示して確認

フォント

商用印刷のフォント

商用印刷で使用するフォントは、アウトラインフォントという輪郭が滑らかなフォントです。アウトラインフォントには、TrueTypeフォント、PostScriptフォント、OpenTypeフォントの3種類があります。

商用印刷の場合、基本的には印刷会社や出力サービスビューロが持っているフォントを使用する必要があります。Illustratorの「フォントのサブセット」機能や、InDesignの「フォントのコピー」機能を使えば、利用できる場合もありますが、すべてのフォントがサポートされているわけではありません。

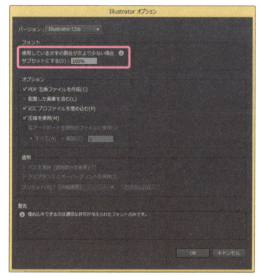

InDesignの[パッケージ]の設定(欧文フォントのみと記載されているが、CS6以降はAdobeの和文フォントはコピーされる)

Illustratorの[保存]または[別名で保存]で表示される[Illustratorオプション]ダイアログ

フォントのアウトライン化

出力先に使いたいフォントがない場合、フォントをアウトライン化して入稿する方法があります。フォントのアウトライン化は、Illustrator、InDesignともに、目的の文字を選択して[書式]メニューから[アウトラインを作成]を選択します。アウトライン化した文字は画像として扱われ、書式や段落の設定や、編集はできなくなります。

Illustratorでのフォントのアウトライン化

画像の配置

IllustratorやInDesignには、さまざまフォーマットの画像を配置することができます。しかし、印刷時のトラブルを避けるため、いくつかの注意が必要です。

・Photoshopファイルのレイヤーは、念のため統合しておく
・Illustratorファイルで使用フォントは出力に問題ないか
・Illustratorファイルに配置された画像が埋め込まれているか、もしくはリンク元の画像があるか
・PDFデータは正しく書き出されているか

また本書では、容量の関係でJPEGデータを配置した作例がありますが、圧縮されたデータの配置はできるだけ避けたほうが無難です。

PDF入稿

PDFによる入稿は、出力先にフォントがなくてもほとんどのフォントの出力が可能だったり、配置データを同梱しなくてもよいといったメリットが多いため、多くの印刷会社や出力サービスビューローが対応しています。
InDesignで入稿用のPDFデータを書き出すには、[ファイル]メニュー→[PDF 書き出しプリセット]→[PDF/X-1a:2001（日本）]または[PDF/X-3 2002（日本）]、[PDF/X-4 2008（日本）]を選択します。表示される[書き出し]ダイアログで保存先などを指定した後、[Adobe PDFを書き出し]ダイアログで詳細を設定します。

Illustratorで入稿用のPDFデータを書き出すには、[ファイル]メニュー→[保存]または[別名で保存]で表示されるダイアログで、[ファイルの種類]に「Adobe PDF(*.PDF)」を選択します。表示される[Adobe PDFを保存]ダイアログで詳細を設定します。保存の詳細設定は、出力先の環境に依存しますので、必ず設定内容を確認しましょう。

 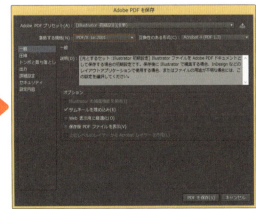

Basic 5

グリッドシステムのキホンの基本

グリッドシステムとは、デザインを考えるときに参考にする格子状の線のことです。何も描かれていない真っ白の紙を前に、「さぁ〜デザインするぞ」と意気込んでみても、さっぱりと進まないこともあります。真っ白の紙に数本の線を引き、レイアウトする素材をそのガイド線に並べるだけで、デザインされたレイアウトに見えてきます。

グリッドシステムのパターン

1本の線

白いスペース（左右）と素材（右）があります。

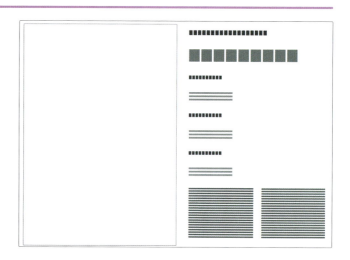

素材を左に移動して適当に配置しましたが、おおよそデザインしてあるレイアウトには見えません（下図・左）。左右の中心にガイド線を1本引いて、線が中心になるように素材を移動します。これだけで意図のあるデザインされたレイアウトに見えてきます（下図・右）。

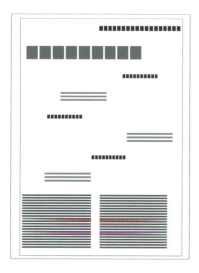
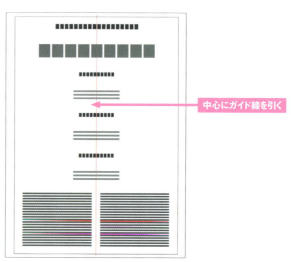

中心にガイド線を引く

上下の中心にもガイド線を引いて、素材を上下に分けてみました。配置した要素は同じであるにもかかわらず、上下左右に1本の線を引くだけで、まったく違うレイアウトデザインに見えます。

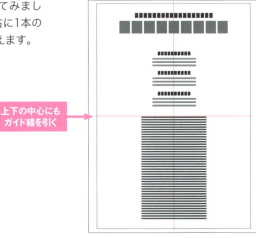

格子状の線

さらにガイド線を増やし、スペースを格子状に分割してみます。レイアウト要素の違いは若干ありますが、それ以上に違いの大きいレイアウトデザインになります。この格子状のガイド線を基に、レイアウト要素を揃えたり分けたりしてデザインすることを、「グリッドシステムによるデザイン」と呼びます。
なお、ここでは等間隔に分割していますが、必ずしも等間隔である必要はありません。

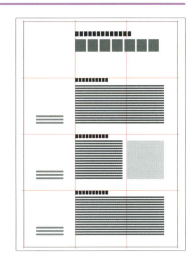

ブロックグリッド

複数ページのデザインには、ブロックグリッドが適しています。上下左右のマージンを取り、同じ大きさの四角形を等間隔で敷き詰め、それをグリッドシステムとして使用する方法です。ブロックを組み合わせて、タイトル、写真、文章などの配置場所として利用します。

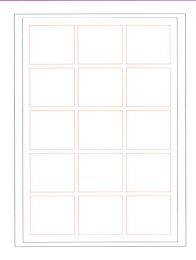 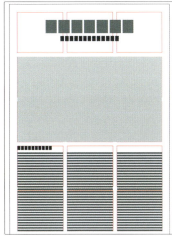

左・ブロックグリッド
右・レイアウト例

このブロックグリッドをページフォーマットの基本として複数ページに利用すると、全体に統一感のあるページデザインを作成しやすくなります。ただし、ブロックをすべて要素で埋めてしまうのではなく、何も置かないホワイトスペースとして利用したり、ブロックグリッドに従わない箇所を設けるなどの工夫をしないと、きっちりしすぎて面白みのないデザインになることもあるので注意が必要です。

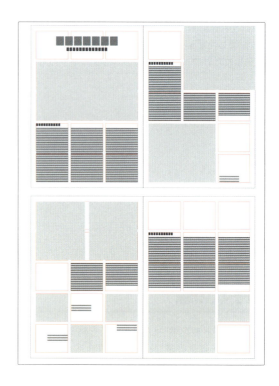

Illustratorのグリッドとガイド

Illustratorでグリッドシステムを利用してデザインをするには、グリッド機能とガイド機能の2つの方法があります。
グリッド機能は、アートボード全面に等間隔の方眼線を表示させ、ガイドラインとして利用する方法です。[表示]メニュー→[グリッドを表示]を選択すると、背面に方眼線が表示されます。方眼のサイズや色、表示方法は[環境設定]で変更できます(P.018参照)。

背面に方眼線が表示される

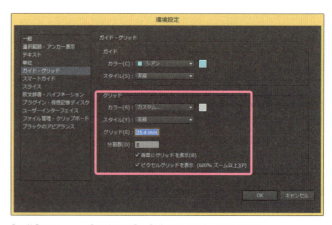

[編集]メニュー→[環境設定]→[ガイド・グリッド]で設定

044

筆者が主に使用するのはガイド機能です。ガイド機能は、好きな位置に自由にガイドラインを作成するものです。ガイドラインの作成は、[表示]メニュー→[定規]を選択して定規を表示し、上または左の定規部分をクリックし、そのまま下または右方向へドラッグします（P.069参照）。

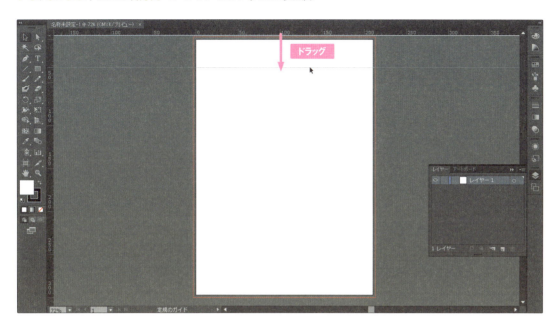

作成したガイドラインは、[表示]メニュー→[ガイド]→[ガイドを表示／ガイドを隠す]で表示／非表示を切り替えたり、[表示]メニュー→[ガイド]→[ガイドをロック]でロックすることができます。
また、[直線]ツールや[長方形]ツールで作成したオブジェクトをガイドとして利用できます。オブジェクトを選択し、[表示]メニュー→[ガイド]→[ガイドを作成]を選択してガイドラインに変換します。Example 4などで作成するガイドラインは、この方法を利用しています。

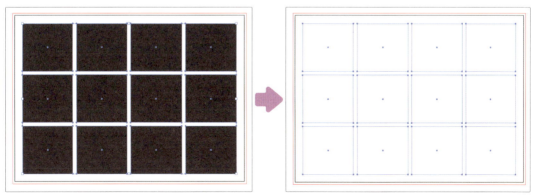

[長方形]ツールで長方形を作成し、均等に配置したオブジェクトを選択した状態です。ガイドラインに変換するオブジェクトは、塗りや線の設定が無視されるので、どのような設定でもかまいません。

[表示]メニュー→[ガイド]→[ガイドを作成]を選択して、オブジェクトをガイドラインに変換した状態です。ガイドラインの色は、[環境設定]ダイアログで変更できます。

045

InDesignのグリッドとガイド

InDesignにもIllustratorのグリッド、ガイドと同様の機能があります。
Illustratorのグリッドと同様、背面に方眼線が表示されるのはドキュメントグリッド機能です。[表示]メニュー→[グリッドとガイド]→[ドキュメントグリッドを表示]を選択して表示します。

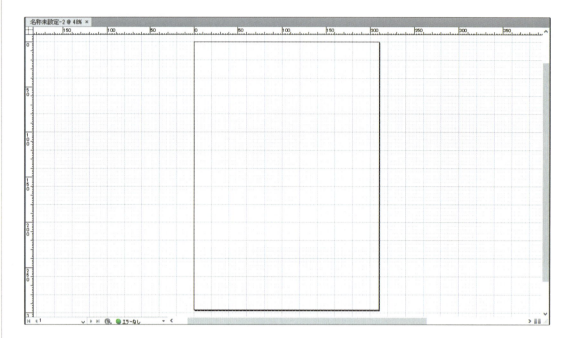

ガイドは、[表示]メニュー→[グリッドとガイド]→[ガイドを表示]を選択して表示します。ガイドを表示すると、新規ドキュメント作成時に設定したマージン範囲が表示されます。

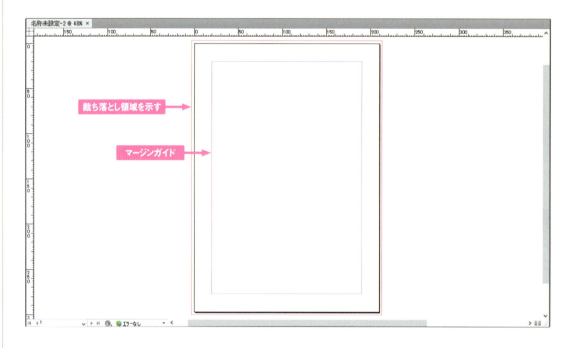

その他、InDesign独自の機能として、文字の行送りなどを揃えるときに使用する補助線のベースライングリッド、原稿用紙のようなマス目を表示するレイアウトグリッドがあります。

ベースライングリッド

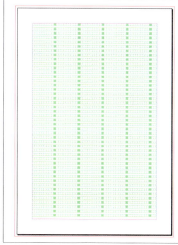
レイアウトグリッド

ベースライングリッドの設定は、[編集]メニュー（Macの場合は[InDesign]メニュー）→[環境設定]→[グリッド]を選択して行います（右図・上）。

レイアウトグリッドの設定は、[ファイル]メニュー→[新規]→[ドキュメント]を選択して新規ドキュメントを作成する際の設定が引き継がれています。

表示される[新規ドキュメント]ダイアログで[レイアウトグリッド]ボタンをクリックして表示される[レイアウトグリッド設定]ダイアログの設定です。この設定は、[レイアウト]メニュー→[レイアウトグリッド設定]でいつでも変更可能です（右図・下）。

なお、InDesignには、オブジェクトをガイドに変換する機能はありません。

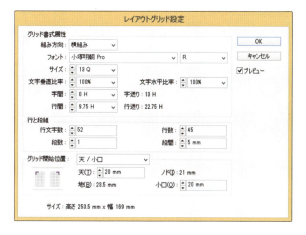

Example 1 ロゴを作成する

Illustrator 新規ドキュメントの作成／ファイルの保存／グリッドガイドの表示／基本図形の作成／文字の入力／フォントの種類とサイズ設定／塗りと線の設定／文字のアウトライン化／オブジェクトの変形

Manoir d' Inno

bis

ある本格フランス料理店がカジュアルレストランを出店するため、そのロゴを作成するという想定です。やや若めの年齢層をターゲットにしているため、ポップなイメージにします。

  Apprication

 76mm × 76mm
Size

 「Ex01」→「Ex01完成」→「ロゴ.ai」
Sample Data

  3×3
Grid

ここでは、ロゴを作る過程でIllustratorの基本操作を学んでいきましょう。

040

Ai Step 1 ラフスケッチの作成

どのようなロゴを作成するかイメージしてみましょう。イメージが思い浮かんだら、紙と鉛筆などでラフを作成します。ここでは、皿をイメージした円形や、テーブルをイメージした長方形と店名を組み合わせたラフスケッチを作成してみました。

Memo
ラフスケッチは、自分がわかればよいので、上手に描く必要はありません。気軽に作成しましょう。

Example 1 ロゴを作成する

Ai Step 2 新規ドキュメントの作成

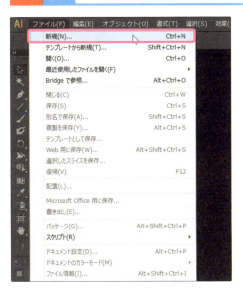

1 Illustratorを起動して、[ファイル]メニュー→[新規]を選択します。

 ラフスケッチの作成から始めよう

デザインをするうえで、ラフスケッチはとても大切です。Illustratorを起動して、「さあ、作成するぞ」と思っても、イメージがなければ作業は先に進みません。最初から完成をイメージするのではなく、まずは肩の力を抜いて、イメージを膨らませます。

どのようなロゴを作成するかイメージしてみましょう。料理を盛りつける皿、ナイフやフォーク、ロマンチックな食事を演出するキャンドルなど、思い浮かんだことをなんでも、描き留めていきます。絵にするのがむずかしければ、言葉で表現してもよいでしょう。

049

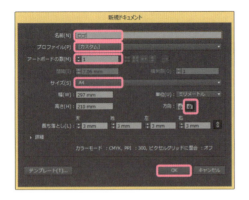

2 表示される[新規ドキュメント]ダイアログで各種設定を行います。ここでは、[名前]に「ロゴ」と入力し、[プロファイル]は「プリント」を選択、[アートボードの数]は「1」、[サイズ]は「A4」、[方向]は「横向き」に設定します。
[OK]ボタンをクリックします。

Hint

[プロファイル]ではプリント、Web、デバイス、ビデオとフィルムといった使用目的の項目から選択します。選択した項目に合わせて、自動的に解像度やカラーモード、単位が設定されます。
なお、[プロファイル]で「プリント」を選択した後に、[サイズ]で「A4」を選択すると、[プロファイル]の表示が「カスタム」に変わりますが、「プリント」の設定は継続されています。

3 新規ドキュメントが画面に作成されたら、[ファイル]メニュー→[別名で保存]を選択します。表示される[別名で保存]ダイアログで、Illustratorファイル「ロゴ」をフォルダー（ここでは「bisロゴ」フォルダー）に保存します。

Memo

ファイルが増えてしまう前に、あらかじめ新規フォルダーを作成しておき、制作物ごとなどに保存するとよいでしょう。ここでは、「ドキュメント」フォルダー内に「bisロゴ」フォルダーを作成しています。

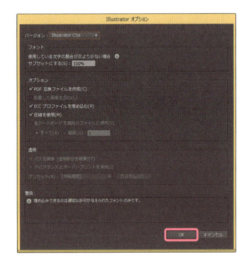

4 [Illustratorオプション]ダイアログが表示されるので、このまま[OK]ボタンをクリックして保存します。

Memo

作業中は Ctrl + S キーを押して、こまめに保存するようにしましょう。

実作業に入る前に、まず用紙サイズなどを決めてファイルを保存しておきます。

050

Ai Step 3 長方形の作成

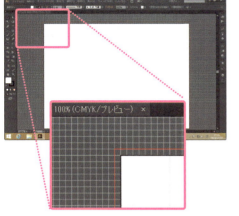

1. Step 1で作成した長方形と店名を組み合わせたラフスケッチを基に、ロゴを作成します。
[表示]メニュー→[グリッドを表示]を選択し、グリッドガイドを表示します。

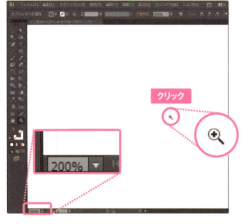

2. [ズーム]ツールを選択し、ドキュメントウィンドウの真ん中あたりを数回クリックして（200％表示程度）拡大します。

3. [長方形]ツールを選択します。[カラー]パネルを表示し、[塗り]を「なし」に、[線]を「K：100％」に設定します。

Hint
ここでは、Illustratorのグリッド機能を初期設定のまま使用していますが、[編集]メニュー→[環境設定]→[ガイド・グリッド]で線の色、間隔、分割数を変更できます。

Hint
[ズーム]ツールでドキュメントウィンドウ上をクリックすると、クリックした場所を中心に拡大します。表示倍率はドキュメントウィンドウ左下の[ズームレベル]で確認できます。また、[ズームレベル]右の▼ボタンをクリックして表示される一覧から選択して設定することも可能です。

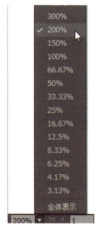

パネルの表示
→P.013

Memo
[カラー]パネルで[塗り]または[線]を「なし」に設定するには、左下の アイコンをクリックします。

Example 1 ロゴを作成する

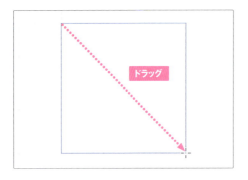

4 大きなグリッド縦横3つを囲むようにドラッグして、長方形を作成します。

5 長方形が選択されていることを確認し、[オブジェクト]メニュー→[ロック]→[選択]を選択して、長方形をロックします。

 長方形をロックするのは、[文字]ツールで長方形の近辺に文字を入力する際に、長方形がテキストエリア（P.080参照）に変換されてしまうのを防ぐためです。

色の設定方法

Illustratorには、色の設定方法がいくつかあります。

[カラー]パネル

最も一般的なのは[カラー]パネルを使用する方法です。[カラー]パネルは、画面右側の アイコンをクリックするか、[ウィンドウ]メニュー→[カラー]を選択して表示します。

色の設定は、スライダーバーの▲をドラッグするか、入力ボックスへ数値を入力して行います。

カラーピッカー

ツールパネルの[塗り]または[線]をダブルクリックして表示される[カラーピッカー]ダイアログで設定することもできます。

[コントロールパネル]

画面上部の[コントロールパネル]でも色の設定ができます。Shiftキーを押しながら アイコンをクリックすると、[カラー]パネルが表示されます（Shiftキーを押さずにクリックすると、[スウォッチ]パネルが表示されます）。

Ai Step 4 文字の入力

① [文字]ツールを選択し、長方形の内側左上あたりをクリックします。

Hint

[文字]ツール選択し、ドラッグしてテキストエリアを作成し、その枠内に文字を入力する方法もあります。

→ テキストエリア
→ P.080

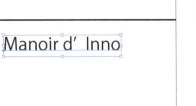

② 文字【Manoir d' Inno】を入力し、ツールパネルの [文字]ツールをクリックして入力を確定します。

Caution

入力した文字は、ツールパネルで[文字]ツールまたは他のツールをクリックしなければ、確定されません。

③ 手順②と同様にして、長方形の内側、図のあたりをクリックして文字【bis】を入力します。ツールパネルの [文字]ツールをクリックして入力を確定します。

Ai Step 5 文字の設定

① [文字]ツールを選択し、文字【bis】をドラッグして選択します。

Hint

[文字]ツールで文字列をダブルクリックすると、単語単位で選択できます。また、3回クリックすると、段落単位で選択できます。

Example 1 ロゴを作成する

053

2 ［ウィンドウ］メニュー→［書式］→［文字］を選択して［文字］パネルを表示します。［フォントファミリ］で「Euphemia」を選択し、［フォントサイズ］に「115pt」と入力します。
フォントとサイズが設定されます。

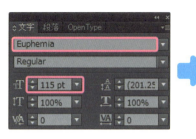

> **Hint**
> 画面上部の［コントロールパネル］でも、簡易的に文字設定できます。詳細な設定が必要ない場合は、［コントロールパネル］の使用で効率を上げられます。

［文字］パネルを使った文字設定

クリックして表示されるパネルメニューから［オプションを表示］を選択すると、⑨から下が表示される

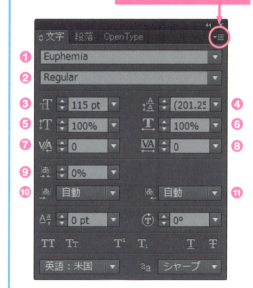

［文字］パネルでは、入力した文字のフォントの種類、スタイルやサイズ、間隔や行間など、細かな設定ができます。［文字］パネルは、［ウィンドウ］メニュー→［書式］→［文字］で表示できます。

① 文字の種類（フォントファミリ）
② 文字の太さなど（スタイル）
③ 文字のサイズ（フォントサイズ）
④ 文字列の行送り
⑤ 文字の横の比率
⑥ 文字の縦の比率
⑦ カーニング：文字間隔の調整（主に英文に使用）
⑧ トラッキング：選択した文字列の文字間隔の調整
⑨ 文字ツメ：文字間隔の調整（主に和文に使用）
⑩ アキを挿入（左/上）
⑪ アキを挿入（右/下）
：文字列の空白の調整（括弧や句読点などの約物の空白部分の詰めを調整する）

054

3 [選択]ツールを選択し、文字【Manoir d' Inno】を選択します。
  [文字]パネルで[フォントファミリ]を「Adobe Garamond Pro」、[フォントスタイル]を「Bold Italic」、[フォントサイズ]を「20pt」に設定します。
フォントとサイズが設定されます。さらに、【d'】と【Inno】のあいだにマウスカーソルを挿入し、[文字間のカーニングを設定]に「-300」と入力して、字間を調節します。

 [選択]ツールで文字を選択すると、その文字列に対して一括で設定を適用できます。
文字列の一部のみに対して設定を適用する場合は、 [文字]ツールで対象の文字だけを選択する必要があります。

お使いの環境によっては、ここで使用しているフォントが表示されない場合もあります。適宜使用可能なフォントに置き換えてください。

4 [選択]ツールを選択し、それぞれの文字を選択してドラッグし、グリッドに沿って図のように配置します(【Manoir d' Inno】は囲み線から小さなマス目1つ分内側、【bis】は囲み線から大きなマス目1つ分内側に配置)。

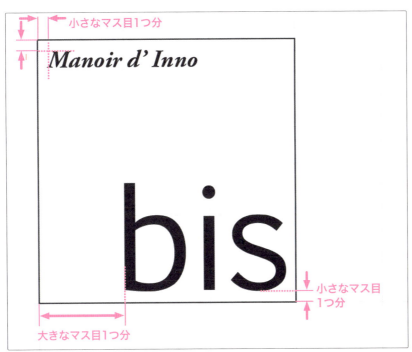

Example 1 ロゴを作成する

055

Ai Step 6 塗りと線の設定

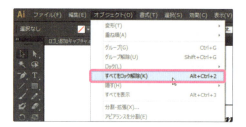

1. ［オブジェクト］メニュー→［すべてをロック解除］を選択し、長方形のロックを解除します。

2. 長方形が選択されていることを確認し、［カラー］パネルで［塗り］を「M：50% Y：15%」、［線］を「なし」に設定します。
長方形に色が設定されます。

3. ［選択］ツールを選択し、文字【Manoir d' Inno】を選択します。［カラー］パネルで［塗り］を「M：100% Y：100% K：50%」、［線］を「なし」に設定します。
同様に、文字【bis】は［塗り］を「白」、［線］を「なし」に設定します。
文字に色が設定されます。

Memo
「白」の設定は、「C：0% M：0% Y：0% K：0%」です。

Ai Step 7 文字のアウトライン化とオブジェクトの変形

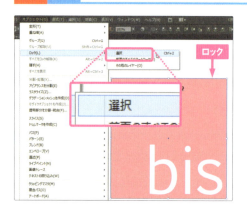

1. 文字の一部を変形して、キャンドルのイラストにします。
［選択］ツールを選択し、文字【Manoir d' Inno】と長方形を選択します。
［オブジェクト］メニュー→［ロック］→［選択］を選択して、文字と長方形をロックします。

Memo
細かい作業をする際、対象外のオブジェクトを誤って削除したり変更することのないように、背景や近くにあるオブジェクトをいったんロックしておきましょう。

2. [選択]ツールを選択し、文字【bis】を選択します。[書式]メニュー→[アウトラインを作成]を選択して、文字をアウトライン化します。

「文字のアウトライン化」とは、文字の外形線を抽出し、図形として扱えるようにする機能です。
文字をアウトライン化すると、そのオブジェクトは文字として認識されなくなります。念のため、アウトライン化する前の文字をコピーしておきましょう。

3. [オブジェクト]メニュー→[グループ解除]を選択して、グループを解除します。ドキュメントウィンドウの任意の場所をクリックして、いったん文字の選択を解除します。
[ズーム]ツールを選択し、文字【i】の付近を数回クリックして、画面表示を拡大します。
[選択]ツールで文字【i】のみを選択します。

アウトライン化した文字はグループになっているので、1文字だけ加工するには、グループを解除する必要があります。

以降、作業内容に合わせて、画面表示は適宜拡大・縮小してください。

4. [アンカーポイントの削除]ツールを選択します。文字【i】を構成する円の8つのアンカーポイントのうち、図のように2つのアンカーポイントをクリックします。
左右2つのアンカーポイントが削除され、円の形状が変化します。

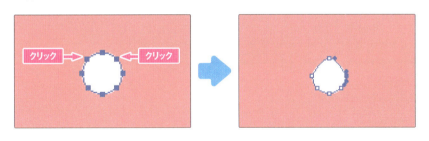

[アンカーポイントの削除]ツールは、[ペン]ツールを長押しして選択します。ツールパネルで、アイコンの右下に▲が付いているツールには、関連したその他のツールが格納されています。

5. [アンカーポイントの切り換え]ツールを選択します。図のアンカーポイントをクリックします。
クリックしたアンカーポイントが曲線から直線のアンカーポイントに切り換わり、先端が鋭角になります。

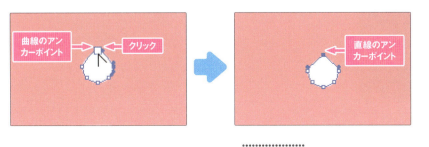

[アンカーポイントの切り換え]ツールは、クリックするたびに直線と曲線が切り換わります。
なお、Illustrator CC 2014の場合は、名称が[アンカーポイント]ツールとなります。

Ai Step 8 炎の形状の作成

1. [選択]ツールを選択し、文字【i】を選択します。[オブジェクト]メニュー→[複合パス]→[解除]を選択します。文字【i】の円の部分だけを選択できるようになります。

[オブジェクト]メニュー→[複合パス]→[解除]は、文字をアウトライン化した後にグループ解除しても(Step7手順③)、グループが解除されていない場合に実行します。
[解除]がグレーアウト表示(選択できない状態)になっていれば、実行する必要はありません。

2. [ダイレクト選択]ツールを選択し、図のアンカーポイントを [Shift] キーを押しながら上方向にドラッグします。

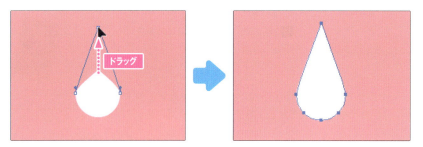

3. [選択]ツールを選択し、手順②で変形させたオブジェクトを選択します。[拡大・縮小]ツールをダブルクリックします。表示される[拡大・縮小]ダイアログで、[縦横比を固定]に「60%」と入力して、[コピー]ボタンをクリックします。
オブジェクトが60%に縮小され、コピーが作成されます。

Ai Step 9 ロゴの完成

Hint

Shift キーを押しながら移動すると、移動方向が垂直・水平・45°単位で固定されるので、意図しない方向にずれるのを防止できます。

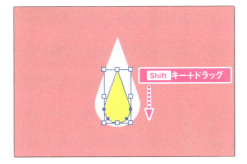

1. コピーされたオブジェクトが選択されていることを確認し、[カラー]パネルで[塗り]を「Y:80%」、[線]を「なし」に設定します。
[選択]ツールを選択し、オブジェクトをShiftキーを押しながらドラッグして、図のように少し下方向に移動します。

2. 移動したオブジェクトが選択されていることを確認し、Step 8 手順③と同じ要領で、さらにオブジェクトを60%縮小コピーします。

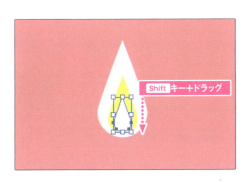

3. [カラー]パネルで[塗り]を「白」、[線]を「なし」に設定します。
[選択]ツールを選択し、オブジェクトをShiftキーを押しながらドラッグして、図のように少し下方向に移動します。

4. [選択]ツールを選択し、一番外側のコピー元のオブジェクトを選択します。
[カラー]パネルで[塗り]を「M:75% Y:70%」、[線]を「なし」に設定します。

少しくらい操作を間違えても大丈夫。何回でもやり直してみましょう。

Example 1 ロゴを作成する

059

5 ドキュメントウィンドウの任意の場所をクリックして、オブジェクトの選択を解除します。
[選択]ツールを選択し、炎の形状を構成する3つのオブジェクトを矩形で囲むようにして選択します。

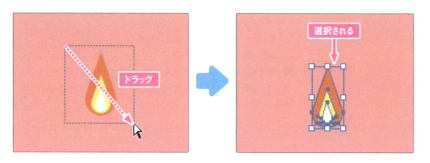

「矩形で囲むようにして選択する」とは、[選択]ツールでオブジェクトをクリックして選択するのではなく、目的のオブジェクトを囲むようにドラッグして選択する方法です。複数オブジェクトの選択に適しています。

6 Shiftキーを押しながらドラッグして、3つのオブジェクトを図のように少し下方向に移動します。

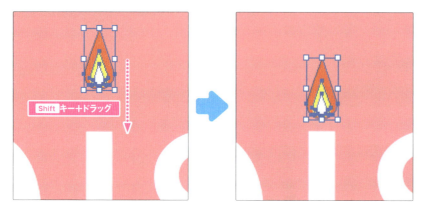

7 オブジェクトをグループ化します。
Shiftキーを押しながら文字【bis】と炎の部分を選択して、[オブジェクト]メニュー→[グループ]を選択します。ロゴの完成です。

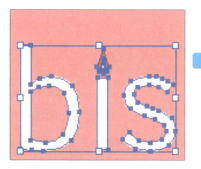

ここでグループ化するのは、このあとのExampleで使用する際に、パーツがずれたり、選択を誤ってコピーするのを防ぐためです。

Design Variation

別案のすすめ

デザインするうえで、1つのアイデアだけで完成形まで持っていくことは稀です。発想段階でいくつか浮かんだイメージやアイデア、作品を作り上げる段階で派生する別案は、後々、代替案で利用したり、他の仕事のインスピレーションの基にもなります。デザイン力の向上につながるだけでなく、作成中のデザインに新たな気づきをもたらすことも多々あります。時間が許す限り、別案を作成することをおすすめします。

色を変える

キャンドルをイメージしたこのロゴの作成過程で、色が違うバージョンをいくつか作成しています。

「bis」の文字は、キャンドルをイメージしやすい白がよいので、色を使ったバージョンは候補から外しました。背景色は、優しい雰囲気を醸し出すパステルトーンの暖色系ということで、ピンクに決定しました。

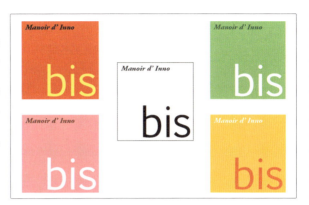

フォントを変える

使用するフォントの種類やウェイトはイメージに大きな影響を与えます。使用するフォントの組み合わせを変えいくつか試してみます。

Arial BoldとAdobe Caslon Pro

Brush Script Mediumと
Impact Regular

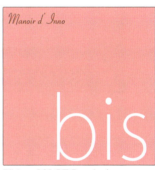

Ribbon 131 BT Regularと
小塚ゴシック Pro EL

全体の形状に変化を加える

完成したロゴを基に、全体の形状に変化を加えてみるのもよいでしょう。ここでは、月をイメージした別案のデザインを作成しました。

Example 2 名刺を作成する

Illustrator トリムマーク（トンボ）の作成／レイヤーの設定／定規の設定／ガイドラインの作成／画像の配置／文字の入力／テキストエリアの文字入力／段落の設定

Example 1で作成したロゴを流用します。ロゴカラーを生かして、文字を読みやすくレイアウトします。

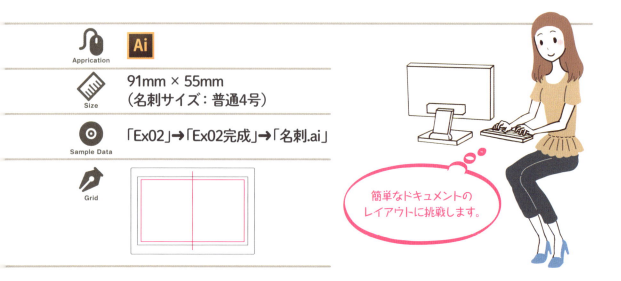

Apprication: Ai

Size: 91mm × 55mm（名刺サイズ：普通4号）

Sample Data: 「Ex02」→「Ex02完成」→「名刺.ai」

簡単なドキュメントのレイアウトに挑戦します。

Ai Step 1 名刺サイズの決定

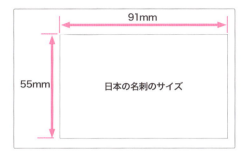

名刺のサイズは、とくに決まってはいませんが、ここでは、一般的なサイズである「幅91mm×高さ55mm」で作成します。

Memo
印刷業界では、用紙サイズを表記する際に、「幅×高さ」または「横×縦」を、「左右×天地」と表記する場合があります。

Ai Step 2 新規ドキュメントの作成

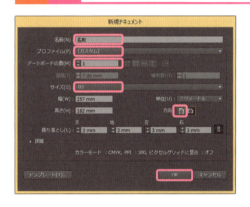

[1] Illustratorを起動して、[ファイル]メニュー→[新規]を選択します。表示される[新規ドキュメント]ダイアログで各種設定を行います。ここでは、[名前]に「名刺」と入力し、[プロファイル]は「プリント」を選択、[アートボードの数]は「1」、[サイズ]は「B5」、[方向]は「縦向き」に設定します。
[OK]ボタンをクリックします。

Hint
[プロファイル]で「プリント」を選択した後に、[サイズ]で「B5」を選択すると、[プロファイル]の表示が「カスタム」に変わりますが、「プリント」の設定は継続されています。

[2] 新規ドキュメントが画面に作成されたら、[ファイル]メニュー→[保存]を選択します。表示される[別名で保存]ダイアログで、Illustratorファイル「名刺」をフォルダー(ここでは「名刺」フォルダー)に保存します。

Caution
[保存]のショートカットキーは Ctrl + S です。作業中はこのショートカットキーを使って、こまめに保存するようにしましょう。

名刺サイズについて

名刺のサイズは、大きさも形状もさまざまです。ただ、特殊なサイズの名刺は、渡した相手に強い印象を与えることはできますが、一般的に販売されている名刺入れや名刺フォルダに収まらないといったデメリットもあります。
ちなみに欧米では、幅89mm×高さ51mmのサイズが多用されているようです。

Example 2 名刺を作成する

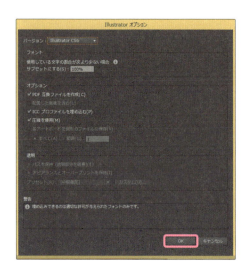

3 [Illustratorオプション]ダイアログが表示されるので、このまま[OK]ボタンをクリックして保存します。

Ai Step3 トリムマーク（トンボ）の作成

1 ■[長方形]ツールを選択します。ツールパネルの下にある[塗り]ボックスが前面にあることを確認し、✓[なし]をクリックします。

2 [線]ボックスをクリックして前面にあることを確認し、✓[なし]をクリックします。

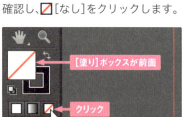

[塗り]ボックスが前面にない場合は、クリックして前面にします。

3 ■[長方形]ツールでドキュメントウィンドウの任意の場所をクリックします。表示される[長方形]ダイアログで、[幅]に「91mm」、[高さ]に「55mm」と入力し、[OK]ボタンをクリックします。

サイズを入力するダイアログボックスでは、mmなどの単位は入力する必要はありません。数値を入力すると、単位も自動的に入力されます。

4 長方形が選択されていることを確認して、[効果]メニュー→[トリムマーク]を選択します。長方形の周囲にトリムマーク(トンボ)が付きます。

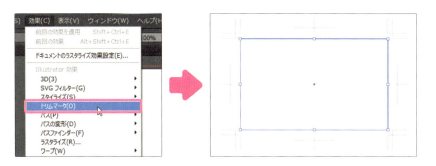

Ai Step 4 レイヤーの設定

1 [レイヤー]パネルを表示します。「レイヤー1」と表記されている部分をダブルクリックして選択状態にし、「トンボ」と入力します。

トンボは、誤って削除したり移動したりしないように最終的にレイヤーごとロックする(P.067 手順⑤参照)ため、あらかじめ制作物本体とは別のレイヤーに作成しておきます。

パネルの表示
➡ P.013

トリムマーク(トンボ)とは

「トリムマーク」とは、印刷する範囲または印刷物を裁断する際の目安となる印で、一般的に「トンボ」と呼ばれています。

図版や塗りを仕上がりサイズいっぱいに扱うことを「裁ち落とし」と呼びます。また断裁後の結果を「仕上がり」と呼びます。裁ち落としにする際、仕上がりサイズぎりぎりに図版や塗りを配置して印刷すると、断裁が少しずれるだけで余白ができてしまい、見栄えがよくありません。そこで塗り足し幅(3mm)まで図版や塗りを配置して印刷することで、余白なくきれいに断裁されます。

❶トンボ
仕上がりサイズに断裁するためのアタリを示す線と塗り足し範囲を示す線の内トンボと外トンボから構成されます。
❷センタートンボ
上下左右の中心位置に置くトンボです。
❸仕上がり線
最終的な印刷物の仕上がりの位置を示す内トンボ

を結んだ線。裁ち落としにする図版や塗りは、この線から3mmはみ出すように配置します。
❹塗り足し
仕上がり(断裁)の線から外側に3mmはみ出すように図版や塗りを配置することを「塗り足し」と呼び、その幅を「塗り足し幅」と呼びます。「ドブ」とも呼ばれます。

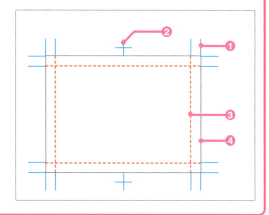

2 [レイヤー]パネルの をクリックして表示されるパネルメニューから、[新規レイヤー]を選択します。

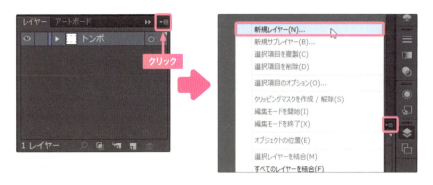

3 表示される[レイヤーオプション]ダイアログで、[名前]に「背景色」と入力して、[OK]ボタンをクリックします。
レイヤー「背景色」が作成されます。

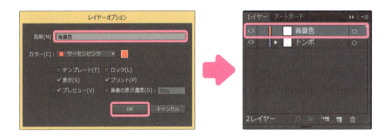

レイヤーの使い方

レイヤーとは、アニメのセル画のようにオブジェクトを透明のシートに描き分け、複数枚重ねるようにして扱える機能のことです。各レイヤーの非表示／表示を切り替えたり、ロックして編集不可状態にしたりすることで、作業を効率的に行えます。

[レイヤー]パネルの各レイヤー名の左部分にある、 のアイコンは表示を、 のアイコンはロックを表します。それぞれのアイコン部分をクリックすることで、表示／非表示、ロック／ロック解除を切り替えます。

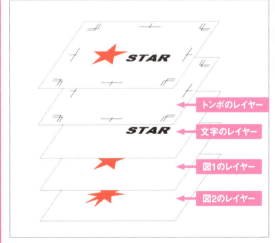

066

4 レイヤー「トンボ」をクリックして選択し、レイヤー「背景色」の上へドラッグして移動します。レイヤーの順番が変わり、レイヤー「トンボ」がレイヤー「背景」より前面になります。

レイヤー「トンボ」をレイヤー「背景色」の下層に入れないように注意します。下図はレイヤー「トンボ」がレイヤー「背景」の下層に入ってしまった例です。

▲間違った移動例

5 誤って削除したり移動したりしないように、レイヤーをロックします。レイヤー「トンボ」の図の部分（[ロックを切り替え]）をクリックして、鍵のアイコンを表示させます。

レイヤー「トンボ」にはトンボ以外のオブジェクトは置かず、最上部（最前面）に配置します。これは、トンボは断裁や塗り足し範囲のガイドなので、オブジェクトで隠れてしまわないようにするためです。

Ai Step 5 定規の表示と原点の設定

1 [表示]メニュー→[定規]→[定規を表示]を選択して、オブジェクトウィンドウに定規を表示します。

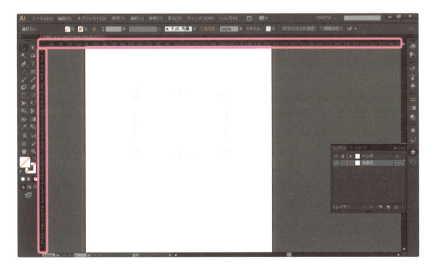

[定規を表示]のショートカットキーは、Ctrl + R です。

Example 2 名刺を作成する

067

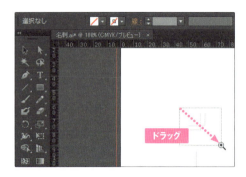

2 名刺の左上角が原点になるように、定規を設定します。
[ズーム]ツールを選択し、図のように左上のトンボあたりを囲むようにドラッグして、拡大表示します。

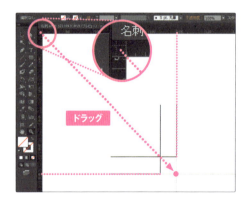

3 左側（高さ）と上側（幅）の定規が交差する部分から、左上のトンボの内側、図の●の部分までドラッグします。

定規の単位は、初期設定では「ミリメートル」になっています。[編集]メニュー→[環境設定]→[単位]で単位も変更できます。

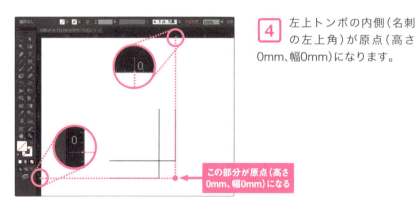

4 左上トンボの内側（名刺の左上角）が原点（高さ0mm、幅0mm）になります。

Ai Step 6 ガイドラインの作成

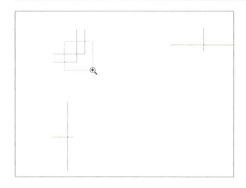

1 [レイヤー]パネルでレイヤー「背景色」をクリックして選択します。
[ズーム]ツールを選択し、左上のトンボのあたりをドラッグし、定規の目盛りが1mm単位で見えるくらいに拡大します。

2 レイアウトの目安になるガイドラインを作成します。
左側の定規部分をクリックしてそのまま右方向へドラッグすると、ガイドラインが表示されるので、上側の定規の目盛り3mmの位置までドラッグします。

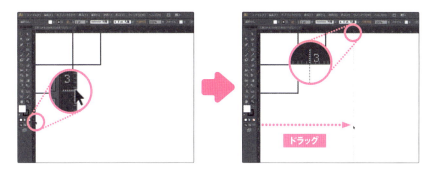

3 同様にして、上側の定規から左側の定規の目盛り3mmの位置までドラッグします。

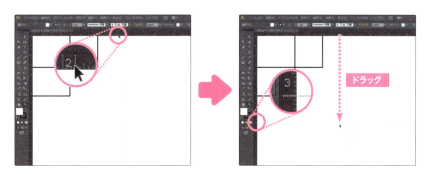

ガイドラインのロック／削除

ガイドラインを誤って削除したり移動したりしないようにロックできます。
[表示]メニュー→[ガイド]→[ガイドをロック]を選択すると、メニュー項目にチェックマークが付き、ガイドラインがロック状態になます。ロック状態では移動や削除ができなくなります。
もう一度[表示]メニュー→[ガイド]→[ガイドをロック]を選択すると、メニュー項目のチェックマークがオフになり、編集可能な状態になります。

ガイドラインが不要になり削除する場合は、[ガイドをロック]にチェックマークが付いていない状態でガイドラインを選択して、Deleat キーを押します。

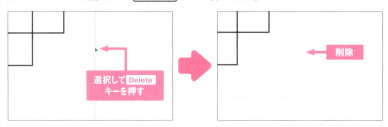

4 手順②〜③と同様にして、左から88mm、上から52mmの位置にもガイドラインを作成します。
このガイドラインを目安に、文字やロゴなどを配置していきます。

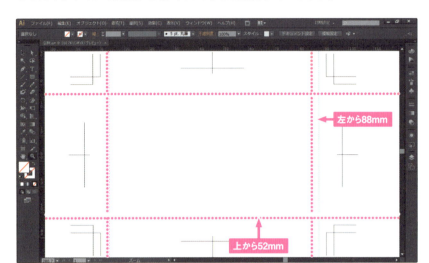

全体が見えるように、画面表示を戻しておきます。

Ai Step 7 背景の作成

1 [カラー]パネルで、[塗り]を「M:50% Y:15%」、[線]を「なし」に設定します。
[レイヤー]パネルでレイヤー「背景色」をクリックして選択します。

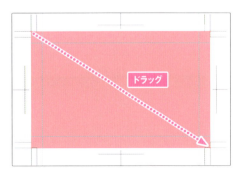

2 [長方形]ツールを選択し、図のように外側のトンボいっぱいに、長方形を作成します。
[選択]ツールを選択し、作成した長方形以外の場所をクリックして、選択を解除します。

トンボ
➡P.065

070

③ [カラー]パネルで、[塗り]を「白」、[線]を「なし」に設定します。
■[長方形]ツールを長押しし、■[角丸長方形]ツールを選択します。背景の任意の部分をクリックします。

「白」の設定は、「C：0%　M：0%　Y：0%　K：0%」です。

④ 表示される[角丸長方形]ダイアログで、[幅]に「85mm」、[高さ]に「49mm」、[角丸の半径]に「2mm」と入力し、[OK]ボタンをクリックします。
角丸長方形が作成されます。

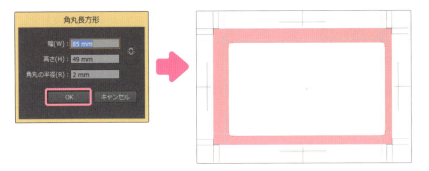

サイズを数値で指定して長方形を作成する場合は、手順④の方法を用います。任意のサイズの長方形を作成する場合は、手順②の方法を用います。

⑤ ▶[選択]ツールを選択し、作成された角丸長方形を選択します。図のようにガイドラインに合わせた位置に移動します。背景はこれで完成です。
[レイヤー]パネルでレイヤー「背景色」の図の部分（[ロックを切り替え]）をクリックして、鍵のアイコンを表示させ、ロックします。

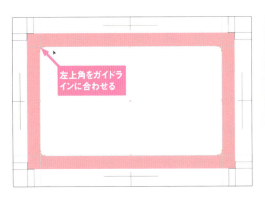

左上角をガイドラインに合わせる

クリックして鍵のアイコンを表示

最初はわかりづらいかもしれませんが、レイヤーやガイドラインは慣れると便利な機能です。

Example 2　名刺を作成する

Ai Step 8 ロゴの配置

1. ［レイヤー］パネルのパネルメニューから、［新規レイヤー］を選択します。

👉 パネルメニューの表示
➡ P.066

2. 表示される［レイヤーオプション］ダイアログで、［名前］に「ロゴ」と入力して、［OK］ボタンをクリックします。
レイヤー「ロゴ」が作成されます。

Hint

トンボ、背景、ロゴといった要素ごとにレイヤーを分けて作成すると、表示／非表示やロックをレイヤーごとにまとめてコントロールできるので、効率的に編集を行うことができます。

3. Example1で作成したIllustratorファイル「ロゴ」を配置します。
［ファイル］メニュー→［配置］を選択します。表示される［配置］ダイアログで、「ロゴ」をクリックして選択し、［配置］ボタンをクリックします。

Hint

Illustrator CC 2014を使用の場合は、［配置］ダイアログの［読み込みオプションを表示］にチェックマークを付けて［配置］ボタンをクリックします。

4. 表示される［PDFを配置］ダイアログで、ロゴが表示されているのを確認して、［トリミング］で「バウンディングボックス」を選択します。［OK］ボタンをクリックします。

Caution

「ロゴ」はIllustratorファイルなのに、ダイアログは「PDFを配置」という名称になっています。これは、IllustratorファイルをいったんPDFフォーマットに変換し、クリップボードを経由して配置するためです。配置した画像はこのままでは編集できません。［オブジェクト］メニュー→［透明部分を分割・統合］を選択して、編集できる状態にする必要があります。

5 ロゴが配置されます。

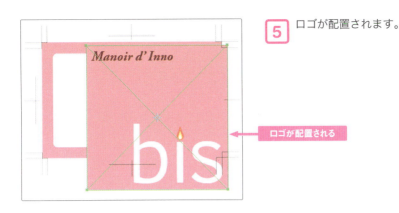

Hint

Illustrator CC 2014を使用の場合は、サムネール付きのマウスポインタが表示されるので、適当な場所でクリックすると配置されます。

ロゴが配置される

6 ロゴが選択されていることを確認して、 [拡大・縮小]ツールをダブルクリックします。
表示される[拡大・縮小]ダイアログで、[縦横比を固定]に「24%」と入力して、[OK]ボタンをクリックします。ロゴが24%の大きさに縮小されます。

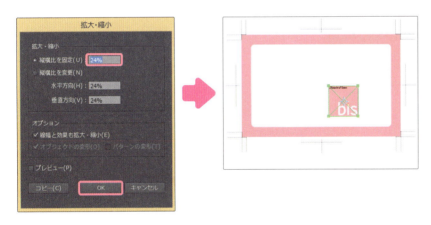

7 ロゴが選択されていることを確認し、[ウィンドウ]メニュー→[変形]を選択します。表示される[変形]パネルで、[X]に「6mm」、[Y]に「6mm」と入力します。ロゴが左から6mm、上から6ミリの位置に移動します。

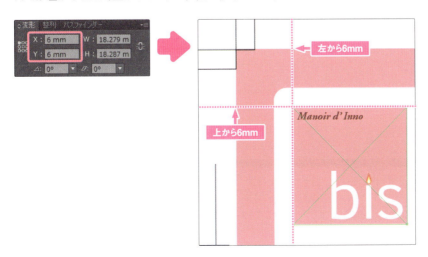

左から6mm
上から6mm

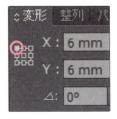

Caution

[変形]パネルの基準点が左上になっていることを確認しましょう。

Example 2 名刺を作成する

073

8 ロゴの配置はこれで完成です。[レイヤー]パネルでレイヤー「ロゴ」の図の部分（[ロックを切り替え]）をクリックして、鍵のアイコンを表示させ、ロックします。

Ai Step 9 文字の入力

1 [レイヤー]パネルのパネルメニューから、[新規レイヤー]を選択します。
表示される[レイヤーオプション]ダイアログで、[名前]に「テキスト」と入力して、[OK]ボタンをクリックします。
レイヤー「テキスト」が作成されます。

👉 新規レイヤーの作成
➡ P.066

2 名刺の中央、センタートンボに沿ってガイドラインを作成します。

👉 センタートンボ
➡ P.065

👉 ガイドラインの作成
➡ P.069

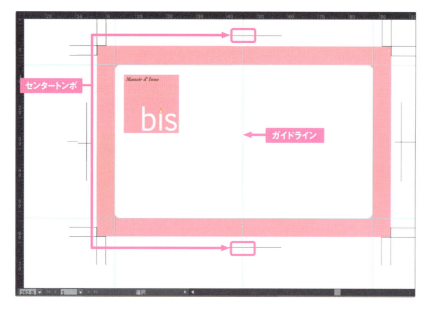

3 [文字]パネルを表示します。[フォントファミリ]を「小塚ゴシックPro」、[フォントスタイル]を「M」、[フォントサイズ]を「6 pt」、[行送り]を「9 pt」に設定します。

パネル の表示
➡P.013

[文字]パネル
➡P.054

お使いの環境によっては、ここで使用しているフォントが表示されない場合もあります。適宜使用可能なフォントに置き換えてください。

4 [文字]ツールを選択し、中央のガイドラインのあたりをクリックして、文字【オーナーマダム】を入力します。

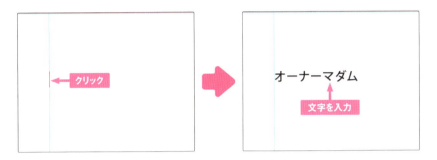

5 続けて Enter キーを押して改行し、文字【青山 彩夏】と入力、もう一度 Enter キーを押して改行し、文字【a-aoyama@manoirdinnobis.xx】を入力します。

文字【青山】と【彩夏】の間には、半角（英数字モード）の1文字分空きを入力します。

6 文字【青山 彩夏】を選択し、[フォントファミリ]を「小塚明朝Pro」、[フォントスタイル]を「M」、[フォントサイズ]を「14 pt」、[行送り]を「17 pt」、[トラッキング]を「200」に設定します。

7 文字【a-aoyama@manoirdinno.xx】を選択し、[フォントファミリ]を「小塚ゴシックPro」、[フォントスタイル]を「R」、[フォントサイズ]を「6 pt」、[トラッキング]を「100」に設定します。
ツールパネルの[文字]ツールをクリックして、入力を確定します。

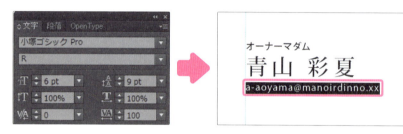

入力した文字は、ツールパネルで[文字]ツールまたは他のツールをクリックしなければ、確定されません。

8 店名や住所、電話／FAX番号を入力します。ここではテキストエリアを作成し、その中に文字を入力します。
[文字]ツールを選択し、図のような位置で左上から右下に向かってドラッグします。テキストエリアが作成されます。

テキストエリア内への入力は、文字の分量が多い場合、複数のコラム、ページをまたがる場合などに便利な入力方法です。
[ペン]ツールや[長方形]ツールなどで作成したオブジェクトでも、閉じられている図形であれば、テキストエリアとして利用できます。

→ テキストエリア
→ P.080

文字のフォントやサイズは、ご自身で自由に変えてみてもいいですよ。

⑨ [文字]パネルで、[フォントファミリ]を「小塚ゴシックPro」、[フォントスタイル]を「L」、[フォントサイズ]を「6 pt」、[行送り]を「9 pt」に設定します。テキストエリア内でカーソルが点滅していることを確認し、図のように店名、住所、電話／FAX番号を入力します。

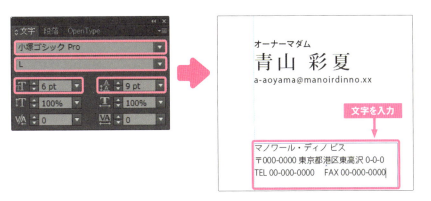

Caution

テキストエリアの幅や高さが足りず、入力文字が意図せず折り返されたり、入りきらない場合は、テキストエリアのサイズを変更します。[選択]ツールでテキストエリアを選択し、表示されるバウンディングボックスの、8個のハンドルのいずれかをドラッグします。

⑩ [文字]パネルのパネルメニューから、[オプションを表示]を選択します。

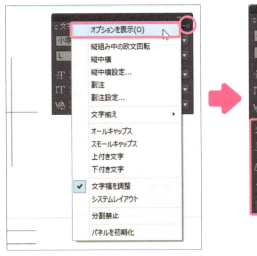

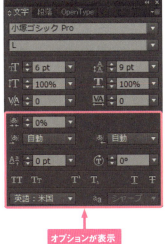

パネルメニュー の表示
➡P.066

⑪ 手順⑥〜⑦と同様にして、文字スタイルを変更します。
❶ 文字【マノワール・ディノ】を選択して、[フォントスタイル]を「M」、[文字ツメ]を「40%」に設定します。
❷ 文字【ビス】を選択して、[フォントスタイル]を「M」、[フォントサイズ]を「8 pt」に設定します。

Hint

タイトルや見出しなど目立つ部分でカタカナを用いる際は、少し文字間を詰めるとバランスよく見えます。ここでは店名の文字ツメを40%にしています。

12 文字【マノワール・ディノ ビス】を選択し、[文字]パネルのパネルメニューから、[文字揃え]→[欧文ベースライン]を選択します。

[文字]パネル

➡P.054

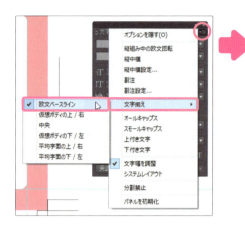

ベースラインが揃う

Hint

[文字揃え]では、1行の文字列にサイズの異なる文字が含まれている場合に、最も大きい文字のどの位置に揃えるかを指定します。手順⑪の❷の図でわかるように、サイズの大きい文字は下へ落ちて見えます。これを下面で揃えるために、文字列に欧文は含まれていませんが、「欧文ベースライン」を選択しています。

13 [文字]パネルで[行送り]を「12pt」に設定します。ツールパネルの T [文字]ツールをクリックして、入力を確定します。

14 [段落]パネルを表示します。住所、電話/FAX番号の2行を選択して、[両端揃え]を選択します。テキストエリア内で行末が揃います。
ツールパネルの T [文字]ツールをクリックして、入力を確定します。

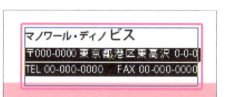

Hint

[段落]パネルは、[文字]パネルの隣りにあるタブをクリックすると表示されます。

[段落]タブが見当たらない場合は、[ウィンドウ]メニュー→[書式]→[段落]を選択して[段落]パネルを表示してください。

078

15 左側の定規の目盛りを確認しながら、【オーナーマダム～】のテキストエリアの上端が約20mmの位置に、【マノワール～】のテキストエリアの上端が約40mmの位置にくるように、移動します。
名刺の完成です。

まったく同じにできなくてもかまいません。
自分でいろいろアレンジしてもOKです。
文字の入力方法については、次ページでも
詳しく解説していますよ。

文字の入力方法

ポイント文字入力

1〜2行程度の文字列を入力する場合は、T[文字]ツールでドキュメントウィンドウ上の任意の場所をクリックして、文字を入力します。

エリア内文字入力

長めの文章を入力する場合や、テキストファイルからコピー&ペーストして流し込む場合などは、エリア内文字入力が適しています。
T[文字]ツールでドキュメントウィンドウ上をドラッグするとテキストエリアが作成され、その範囲内に文字を入力できます。

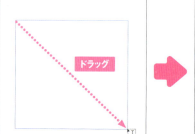

オブジェクト内文字入力

■[長方形]ツールや●[楕円形]ツールなどで作成したオブジェクトも、テキストエリアとして扱えます。

❶ T[文字]ツールを選択し、すでに作成されたオブジェクトの内側にカーソルを移動すると、カーソルの形状が変わります。
❷ クリックするとオブジェクトがテキストエリアに変換され、文字の入力が行えます。
❸ 入力した文字列はテキストエリア内で折り返して表示されます。

なお、テキストエリアに変換されたオブジェクトは、塗りや線の設定は「なし」になります。塗りや線を設定する場合は、▶[ダイレクト選択]ツールでオブジェクトを選択して、再度設定する必要があります。

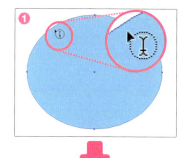

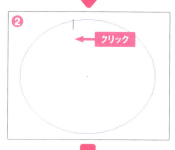

080

Design Variation

別案のすすめ

判型を縦にする
色や要素、サイズは同じで、判型を縦にしてみました。横と縦の違いだけですが、かなり印象が変わります。

裏面を制作する
両面印刷が可能な場合、名刺の裏面を制作してみては、いかがでしょう？

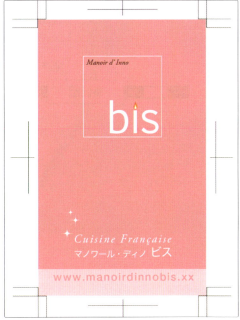

ショップカードに応用する
ショップカードも名刺と同じ判型がほとんどです。名刺のように相手に手渡しするものではないので、自発的に手に取ってもらえるよう、デザインに工夫が必要です。

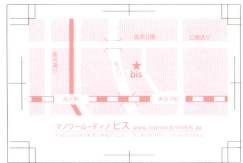

Example 3 案内図を作成する

Illustrator 画像の配置／[ペン]ツールで描画／[線]パネル／[アピアランス]パネルを使った線路の描画／[スター]ツール／[ジグザグ]フィルター／[スムーズ]ツール／重ね順の変更／[回転]ツール／クリッピングマスク

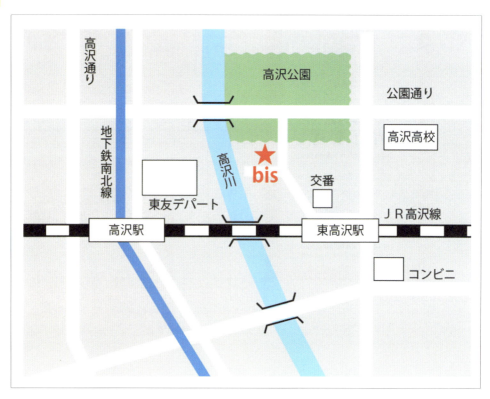

ここでは、下絵を基にトレースして（なぞって）、簡単な地図（案内図）を作成します。情報をできるだけ簡素化して、わかりやすい図にします。

Apprication		
Size	297mm × 210mm (A4)	
Sample Data	「Ex03」→「Ex03完成」→	「案内図.ai」 「案内図統合.ai」 「案内図3D.ai」
Grid	なし	

Ai Step 1 下絵となる地図を用意

下絵になる地図を用意します。ここでは、A4サイズの手描きの地図(左図)をスキャナーで読み込み(右図)、JPEG形式で保存した画像ファイルを用います。

Memo 手描きで地図を起こす際は、「精密さ」より「わかりやすさ」を優先しましょう。またインターネットの地図サービスで提供される地図画像を下絵にする際は、著作権などに十分注意しましょう。

Illustratorに配置できる画像ファイル形式

Illustratorに画像を配置する際は、あらかじめ配置できるファイル形式で保存しておきます。[ファイル]メニュー→[配置]を選択して表示される[配置]ダイアログの[ファイルの種類]で、配置できるファイル形式を確認できます(図)。

一般的に利用されるのは、JPEG/PNG/PSD/TIFF形式です。たとえば画質は少々落ちても、ファイル容量を極力抑えたい場合、写真ならJPEG形式、イラストならPNG形式で保存するとよいでしょう。画質優先でファイル容量が多少大きくてもかまわない場合は、PSD形式やTIFF形式で保存します。ここでは下絵として使用するだけなので、JPEG形式で保存しています。

Ai Step 2 画像の配置

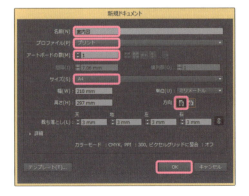

[1] Illustratorを起動して、[ファイル]メニュー→[新規]を選択します。表示される[新規ドキュメント]ダイアログで各種設定を行います。
ここでは、[名前]に「案内図」と入力し、[プロファイル]は「プリント」を選択、[アートボードの数]は「1」、[サイズ]は「A4」、[方向]は「縦向き」に設定します。
[OK]ボタンをクリックし、保存します。

新規ドキュメントの作成
➡P.049

ファイルの保存
➡P.050

Memo 作業中は Ctrl + S キーを押して、こまめに保存するようにしましょう。

Example 3 案内図を作成する

2 [ファイル]メニュー→[配置]を選択します。表示される[配置]ダイアログで、画像ファイル(ここではJPEGファイル「スキャン_案内図」)を選択し、[配置]ボタンをクリックします。ドキュメントウィンドウに下絵が配置されます。

ここでは、JPEGファイル「スキャン_案内図」を下絵に利用して解説します。付録CD-ROMの「Ex03」フォルダー→「Ex03素材」フォルダー内に収録されています。あらかじめパソコンにコピーしておきましょう。

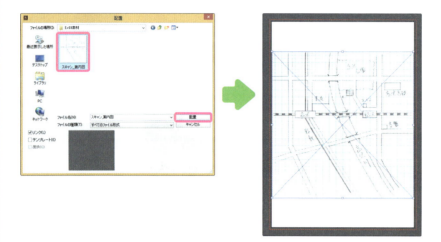

3 [レイヤー]パネルで、「レイヤー1」と表記されている部分をダブルクリックして選択状態にし、「下絵」と入力します。レイヤー名が変更されます。
レイヤー「下絵」の[ロックを切り替え]をクリックします。鍵のアイコン 🔒 が表示され、レイヤーがロックされます。

 パネルの表示
→P.013

 レイヤーのロック
→P.067

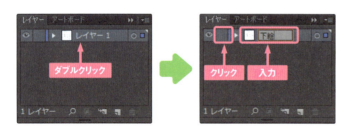

4 [レイヤー]パネルのパネルメニューから[新規レイヤー]を選択します。
表示される[レイヤーオプション]ダイアログで[名前]に「道路」と入力し、[OK]ボタンをクリックします。
レイヤー「道路」が作成されます。

 パネルメニューの表示
→P.066

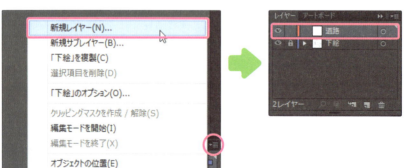

084

Ai Step 3 道路の作成

1 [カラー]パネルで[塗り]を「なし」、[線]を「K:100%」に設定します。
[線]パネルで[線幅]を「16pt」に設定します。
この線で太い道路を作成していきます。

2 [レイヤー]パネルでレイヤー「道路」が選択されていることを確認します。[ペン]ツールを選択し、道路の上端をクリックします。これが始点となります。
続けて、道路が折れる部分でクリックします。

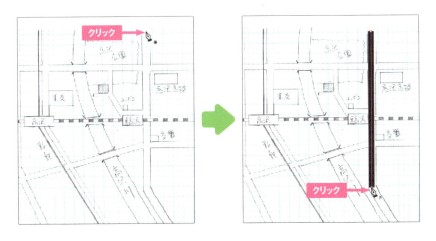

3 終点となる下端をクリックします。最後にツールパネルで[ペン]ツール(またはその他のツール)をクリックして、[ペン]ツールを解除します。
同様にして、図のように他の3本の道路を作成します。

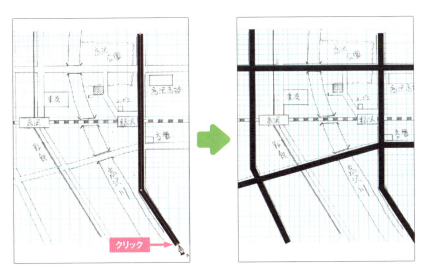

Hint

[ペン]ツールを解除しないと、延々と線が描かれてしまいます。線を描き終えたら、以下のいずれかの方法で解除します。
・Ctrlキーを押しながら余白部分をクリック
・ツールパネルで別のツールを選択
・[選択]メニュー→[選択を解除]を選択

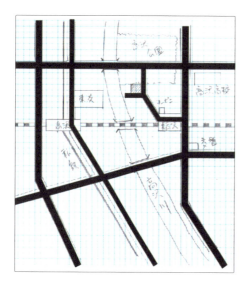

4. [選択]メニュー→[選択を解除]を選択し、すべての選択を解除します。
[線]パネルで、[線幅]を「12pt」に設定します。
[ペン]ツールを選択し、手順②〜③と同様にして、図のように、少し細い道路を作成します。

線は、線幅だけでなくさまざま設定が行えます。詳しくは以下のコラムを参照してください。

[線]パネル

線幅や線の形状などの線の設定は、[線]パネルで行います。[線]パネルは画面右にあるドック(P.013参照)の アイコンをクリックして表示させます。ドックにアイコンが見当たらない場合は、[ウィンドウ]メニュー→[線]を選択して表示します。
[線]パネルの右上にある をクリックして表示されるパネルメニューで[オプションを表示]を選択すると、オプション部分が表示され、詳しい設定が可能となります。

オプション表示状態

❶ 線幅
ボックスに数値を入力するか、プルダウンメニューから選択して線幅を設定します。なお、数値入力の単位は、環境設定(P.018参照)によって決定します。ただし、値とともに単位を入力すると(「pt」(ポイント)、「Q」(級)、「mm」(ミリ))、設定される単位に自動換算された値が入力されます。

❷ 線端
線の始点と終点の形状を設定します。始点と終点に違う形状を設定することはできません。

❸ 角の形状
角の部分の形状を設定します。

❹ 比率
[角の形状]に「マイター結合」を選択して、鋭角な角を作成すると、角が極端に突出した形状になってしまいます。そこで突出の比率を設定することにより、自動的にベベル結合にします。ベベル結合になる比率は角の角度によって変わります。

比率:6の設定   比率:5の設定

❺ 線の位置
線幅をパスの中央、内側、外側のどの位置に置くかを設定します。

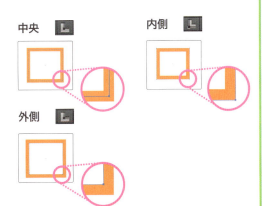

❻ 破線
破線にする場合はチェックを入れ、線の長さと間隔を数値入力します。線の長さと間隔が同じ場合は間隔の入力は不要です。

[線端]に「丸型先端」を選択して線分を0ptに設定すると、丸いドットの形状にできます。 を選択すると、コーナーが同一の形状になるように調節されます。

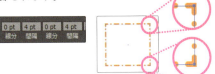

Ai Step 4 線路の作成

1 ［レイヤー］パネルでレイヤー「道路」をロックし、新規レイヤーを作成して、名前に「線路」と入力します。レイヤー「線路」が作成されます。
続けて［カラー］パネルで［塗り］を「なし」、［線］を「K：100％」に設定し、［線］パネルで［線幅］を「16pt」に設定します。

→ 新規レイヤーの作成
➡ P.066

2 ［ペン］ツールを選択します。図のように始点をクリックし、Shiftキーを押しながら終点をクリックします。
線路となる直線が作成されます。

Hint 始点をクリックしたあと、Shiftキーを押しながら終点をクリックすると、線の方向が垂直・水平・45°ごとに固定されます。

3 ［アピアランス］パネルを表示します。［アピアランス］パネルの▼≡をクリックして表示されるパネルメニューから、［新規線を追加］を選択します。

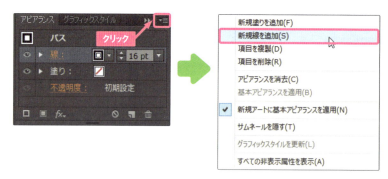

Memo ［アピアランス］パネルは画面右側にあるアイコンをクリックして表示させます。アイコンが見当たらない場合は、［ウィンドウ］メニュー→［アピアランス］を選択して表示します。

4 アピアランスに新規の線が追加されます。

088

5 追加された線の □ をクリックし、表示される[スウォッチ]パネルで「白」に設定します。

6 続けて線幅の右にある ▼ をクリックし、表示されるプルダウンメニューから、[12pt]をクリックして選択します。

「アピアランス」とは

「アピアランス」とは、「外観」「見かけ」の意です。Illustratorの「アピアランス」機能は、基となるオブジェクトの形状や塗り、線などの基本構造はそのままに、外観だけを変更できる機能です。線路やフチ文字など複雑な形状も簡単に作成できるので便利です。

「アピアランス」機能を使って、星形オブジェクトに緑色の線を設定します。

[アピアランス]パネルで新規線を2つ追加し、それぞれ色と線幅を設定するだけで、重なる線を簡単に表現できます。

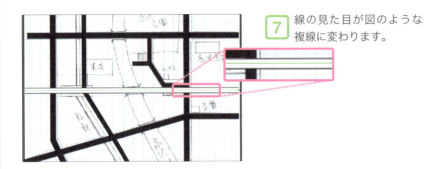

7 線の見た目が図のような複線に変わります。

8 ［線:］をクリックして表示される設定ダイアログで、［破線］にチェックを入れ、［線分］に「30pt」と入力します。線が線路を表す白黒の点線になります。
［選択］メニュー→［選択を解除］を選択し、線の選択を解除します。

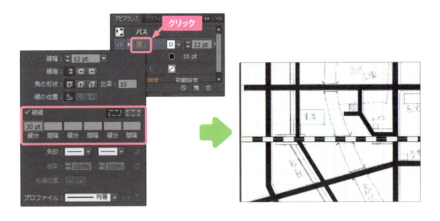

9 次に私鉄の線路を作成します。
［カラー］パネルで［塗り］を「なし」、［線］を「C：100%」に設定します。
［線］パネルのオプションを表示し、［線幅］を「12pt」に設定し、［破線］のチェックを外します。

［線］パネルには、［アピアランス］パネルで設定した破線の設定が反映されているので、［破線］のチェックを外して実線に戻します。

［線］パネルのオプションを表示
→P.086

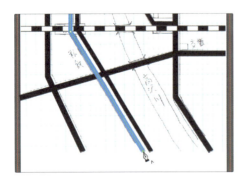

10 ［ペン］ツールを選択し、Step 3の手順②〜③と同様にして、図のように線を作成します。これが私鉄の線路となります。

090

Ai Step 5 建物の配置

1. ［選択］メニュー→［選択を解除］を選択して、すべての選択を解除します。
［カラー］パネルで［塗り］を「白」、［線］を「K:100%」に設定し、［線］パネルで［線幅］を「0.5pt」に設定します。

Memo
［選択を解除］のショートカットキーは、[Shift]+[Ctrl]+[A]キーです。頻繁に使用するショートカットキーなので、覚えておきましょう。

2. 駅の形状を作成します。
■［長方形］ツールを選択し、白黒の線路と水色の線路が交差するあたりをクリックします。表示される［長方形］ダイアログで、［幅］に「34mm」、［高さ］に「10mm」と入力し、［OK］ボタンをクリックします。
長方形が作成されます。

Caution
思うような位置に長方形が作成されなかった場合は、▶［選択］ツールで長方形を選択し、移動します。

Memo
オブジェクトを選択して、[Alt]キーを押しながらドラッグすると、オブジェクトがコピーされます。

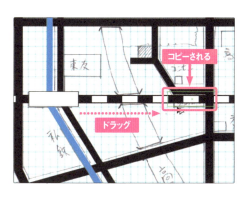

3. ［選択］メニュー→［選択を解除］を選択して、いったん長方形の選択を解除します。▶［選択］ツールを選択し、再度長方形を選択します。
[Alt]+[Shift]キーを押しながら右方向へドラッグし、長方形をコピーします。これが駅になります。

Memo
[Shift]キーを押しながら移動すると、移動方向が垂直・水平・45°ごとに固定されます。

Hint
サイズを数値で指定して長方形を作成する場合は、手順②の方法を用います。任意のサイズの長方形を作成する場合は、■［長方形］ツールで対角線上にドラッグします。

4. P.082の完成図を参考にして、その他の建物となる長方形（赤い枠の部分）を4つ作成します。

案内図を作成する

091

5 目的地の目印となる星形マークを配置します。
■[長方形]ツールを長押しし、☆[スター]ツールを選択します。

6 目的地のあたりをクリックして、表示される[スター]ダイアログで、[第1半径]に「5mm」、[第2半径]に「2mm」、[点の数]に「5」と入力して、[OK]ボタンをクリックします。

Hint

[第1半径]は星形の外接円の半径、[第2半径]は星形の内接円の半径、[点の数]は頂点の数となります。

7 オブジェクトが選択されていることを確認し、[カラー]パネルで[塗り]を「M:100% Y:100%」(赤色)に、[線]を「なし」に設定します。

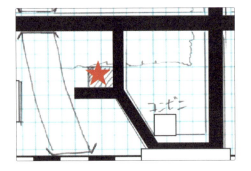

8 橋を作成します。
[選択]メニュー→[選択を解除]を選択して、オブジェクトが何も選択されていない状態にします。
[カラー]パネルで[塗り]を「なし」に、[線]を「K:100%」に設定し、[線]パネルで[線幅]を「2pt」に設定します。

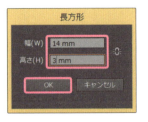

9 ■[長方形]ツールを選択し、任意の場所をクリックします。表示される[長方形]ダイアログで、[幅]に「14mm」、[高さ]に「3mm」と入力し、[OK]ボタンをクリックします。

092

10 [ダイレクト選択]ツールを選択し、長方形の上辺の一部が矩形内に含まれるようにドラッグして囲みます。上辺のみが選択されるので、Backspaceキーを押すと線が削除されます。

オブジェクトの一部を削除するには、[ダイレクト選択ツール]で削除対象となる部分を選択して、Backspaceキーを押すか、[編集]メニュー→[カット]を選択します。

11 続けて、[ダイレクト選択]ツールで右辺の上のアンカーポイントのみをクリックして選択し、→キーを数回押して移動し、図のように変形させます。

方向キー←→↓↑によるオブジェクトの移動距離は、初期設定では1ポイント(0.3528mm)です。移動距離の設定値を変更するには、[編集]メニュー→[環境設定]→[一般]で表示される[環境設定]ダイアログの、[キー入力]に数値を入力します。

12 左辺の上のアンカーポイントも同様に、←キーを数回押して移動し、変形させます。
橋の片側が作成できました。

13 [選択]ツールでオブジェクトを選択します。
ツールパネルの[リフレクト]ツールをダブルクリックします。表示される[リフレクト]ダイアログで[水平]をクリックして選択し、[コピー]ボタンをクリックします。オブジェクトが上下対称にコピーされます。

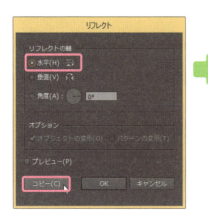 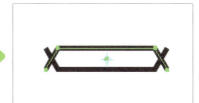

[リフレクト]ツールは、[回転]ツールを長押しして選択します。

14 [選択]ツールでコピーしたオブジェクトを選択し、Shiftキーを押しながら下方向へドラッグして移動します。橋の形状が作成されます。

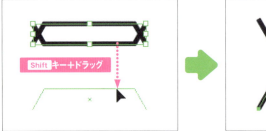

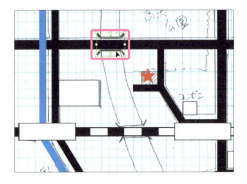

15 [選択]ツールで橋を構成する2つのオブジェクトを選択します。
図のように、川が道路と交差する位置に移動します。

橋の幅が道路の幅より狭い場合は、どちらか一方のオブジェクトを水平方向に移動して幅を広げるなど適宜調整します。

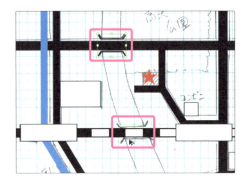

16 2つのオブジェクトが選択されていることを確認します。[編集]メニュー→[コピー]を選択し、[編集]メニュー→[ペースト]を選択して、オブジェクトをコピーします。
もう1箇所、川が線路と交差する位置に移動します。

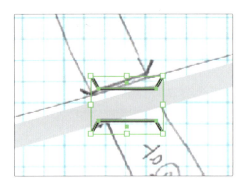

17 同様にして、オブジェクトをコピーし、川が斜めの道路と交差する位置に移動します。

ここでは、紙面で見やすいように道路の色を薄いグレーに変更してあります。

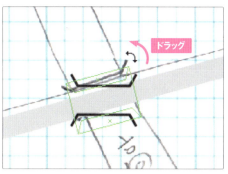

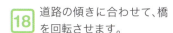

18 道路の傾きに合わせて、橋を回転させます。
オブジェクトが選択されていることを確認し、[回転]ツールを選択します。図で示したアンカーポイントを選択し、そのまま上方向にドラッグします。橋の角度が道路の傾きにだいたい揃ったら、ツールパネルの[選択]ツールをクリックして、回転を確定します。

Hint
[回転]ツールをダブルクリックして表示される[回転]ダイアログで、数値を入力して回転することもできます。

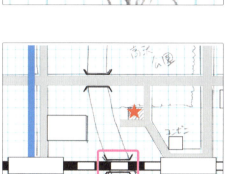

19 道路の2箇所と線路に橋を配置しました。
線路と交差する川が斜めに横切っているので、橋の下側が川に対してずれています。

Hint
橋の配置が完成したら、道路の色を黒に戻しておきましょう。

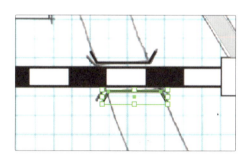

20 [選択]ツールで橋の下側のオブジェクトを選択し、→キーを何度か押して、右にずらします。
橋の完成です。

Ai Step 6 川と公園、背景色の追加

1 [レイヤー]パネルですべてのレイヤーをロックし、レイヤー「下絵」を選択します。
新規レイヤーを作成して、名前に「川と公園」と入力します。
レイヤー「川と公園」が作成されます。

新規レイヤーの作成
→P.066

Memo
新規レイヤーは、現在選択されているレイヤーの上(前面)に作成されます。作成後、レイヤーの順番を移動することもできます。

レイヤーの移動
→P.067

2 [カラー]パネルで、[塗り]を「なし」、[線]を「C:40%」(水色)に、[線]パネルで[線幅]を「28pt」に設定します。

下絵の川は曲線ですが、この時点では折れ線で作成します。あとで曲線に変更します。

3 川を作成します。
[ペン]ツールを選択し、図のように5箇所をクリックして、折れ線を作成します。

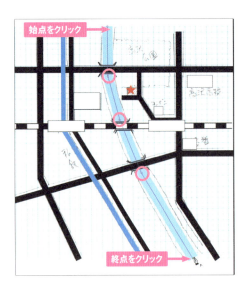

線の折れ方や図形の大きさは、下絵にだいたい合っていればOKです。

4 公園を作成します。
[選択]メニュー→[選択を解除]を選択して、すべての選択を解除します。
[カラー]パネルで[塗り]を「C:40%　Y:50%」(緑色)に、[線]を「なし」に設定します。
[長方形]ツールを選択し、図のように長方形を作成します。

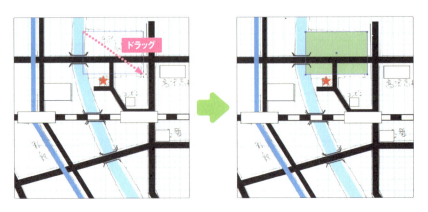

5 作成した長方形が選択されていることを確認し、[効果]メニュー→[パスの変形]→[ジグザグ]を選択します。表示される[ジグザグ]ダイアログで、[大きさ]に「0.4mm」、[折り返し]に「20」と入力し、[ポイント]の「滑らかに」を選択して、[OK]ボタンをクリックします。

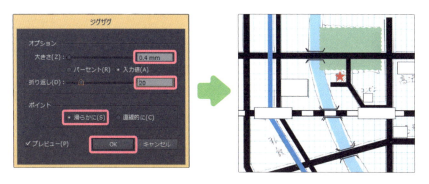

[プレビュー]にチェックを入れると、画面で効果を確認しながら設定できます。また、[表示]メニュー→[境界線を隠す]でバウンディングボックスを非表示にすると、効果を確認しやすくなります。

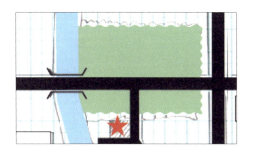

6 公園のオブジェクトが選択されていることを確認し、[オブジェクト]メニュー→[重ね順]→[背面へ]を選択します。公園が川の背面に移動します。

7 川の折れ線を曲線に変更します。
[選択]ツールで川の折れ線を選択します。[鉛筆]ツールを長押しし、[スムーズ]ツールを選択します。

[スムーズ]ツールを使用する際は、曲線にするオブジェクトをあらかじめ選択しておく必要があります。

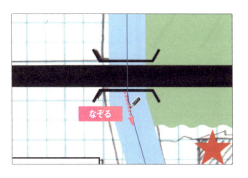

8 折れ曲がる部分のアンカーポイントを中心に、線上を[スムーズ]ツールでなぞるようにドラッグします。
折れ線が滑らかな曲線になります。

ドラッグする範囲は少なくしましょう。広い範囲をドラッグすると、変化も大きくなり、滑らかな曲線になりません。

097

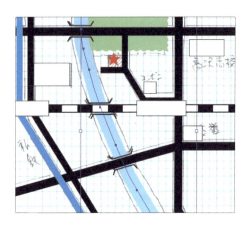

9 アンカーポイントが増えて、曲線になります。

[ダイレクト選択]ツールで選択すると、直線のパスがハンドルが付いた曲線のパスに変化しているのがわかります。

10 [レイヤー]パネルで、レイヤー「川と公園」をロックして、レイヤー「下絵」のロックを解除します。

アンカーポイントが増えすぎて操作がしにくくなった場合は、[アンカーポイントの削除]ツールでクリックして、不要なアンカーポイントを削除しましょう。

→ レイヤーのロック
➡P.067

11 [選択]ツールで下絵を選択します。[編集]メニュー→[消去]を選択し、下絵を消去します。

Backspace キーや Delete キーを押して消去することもできます。

この段階で道路や建物がほぼできあがり、地図の全体像が見えてきます。

12 [カラー]パネルで[塗り]を「K:20%」、[線]を「なし」に設定します。
　　[長方形]ツールを選択し、図のように地図の背景となる長方形を作成します。

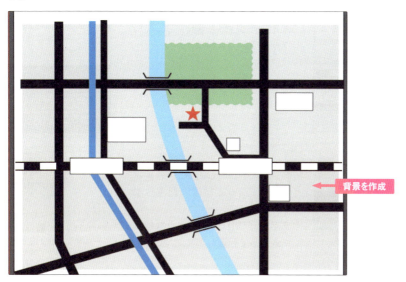

Ai Step 7 文字の入力

1 [レイヤー]パネルでレイヤー「下絵」をロックし、レイヤー「線路」を選択します。
新規レイヤーを作成して、名前に「文字」と入力します。レイヤー「文字」が作成されます。

👉 新規レイヤーの作成
➡ P.066

[文字]パネルは[コントロールパネル]の[文字]をクリックして表示させることもできます。

2 [文字]ツールを選択します。
[文字]パネルで、フォントファミリ、スタイル、サイズを図のように設定します。

👉 [コントロールパネル]の[文字]
➡ P.117

お使いの環境によっては、ここで使用しているフォントが表示されない場合もあります。適宜使用可能なフォントに置き換えてください。

3 線路や道路、駅、目印となる建物の近くをクリックし、それぞれの名称を入力して文字を配置します。
縦組みの文字は、[文字（縦）]ツールで入力します。

[文字（縦）]ツールは、[文字]ツールを長押しして選択します。

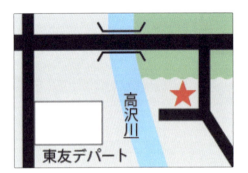

4 文字【高沢川】は、川の傾きに沿って斜めに配置します。
文字【高沢川】を、図のような位置に入力して配置します。

名称を1つ入力した後は、ツールパネルの[文字]ツールをクリックし、いったん入力を確定してから次の名称を入力しましょう。

5 文字が選択されていることを確認して、[回転]ツールを選択します。
文字の近くでクリックし、そのまま右方向にドラッグして、川の傾きと同じような角度になるまで回転させます。ツールパネルの[選択]ツールをクリックして、回転を確定します。

オブジェクトの回転
→P.095

 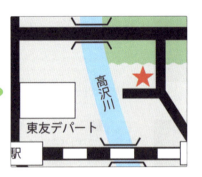

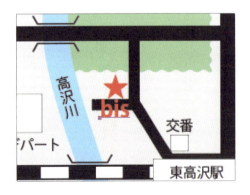

6 星形マークの下に文字【bis】を配置します。
［文字］パネルで［スタイル］を「B」、［サイズ］を「25pt」に変更します。
さらに、［カラー］パネルで［塗り］を「M:100%　Y:100%」（赤色)に変更します。

100

7 道路の色をすべて白に変更します。
[レイヤー]パネルでレイヤー「文字」を
ロックし、レイヤー「道路」を選択して、ロック
を解除します。

8 [選択]メニュー→[すべてを選択]を選択して、すべての道路を選択します。
[カラー]パネルで[線]を「白」に設定します。道路の色がすべて白に変更されます。
[選択]メニュー→[選択を解除]を選択して、すべてのオブジェクトの選択を解除します。

[すべてを選択]のショートカットキーは、[Ctrl]+[A]キーです。ロックされていないすべてのオブジェクトが選択されます。

Ai Step 8 案内図の完成

1. レイヤーを統合して、必要部分のみ表示されるようにクリッピングマスクを設定し、案内図を仕上げます。

あとで修正が必要になる場合を考慮し、統合用のファイルは新たに別名で保存します。

[ファイル]メニュー→[別名で保存]を選択し、[ファイル名]に「案内図統合」と入力して、[保存]ボタンをクリックします。

新たにIllustratorファイル「案内図統合」が作成されます。

2. [レイヤー]パネルですべてのレイヤーのロックを解除します。

パネルメニューから[すべてのレイヤーを結合]を選択します。

すべてのレイヤーがレイヤー「道路」に結合されます。

👉 パネルメニューの表示
➡ P.066

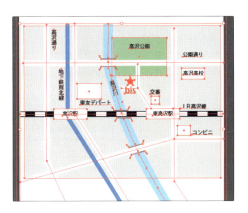

3　［選択］メニュー→［すべてを選択］を選択して、すべてのオブジェクトを選択します。
［オブジェクト］メニュー→［グループ］を選択し、案内図全体をグループ化します。
［選択］メニュー→［選択を解除］を選択して、すべてのオブジェクトの選択を解除します。

クリッピングマスクにする場合は、対象となるオブジェクトをグループ化して、1つのオブジェクトにしておく必要があります。また、マスクに使用するオブジェクト（ここでは長方形）は、マスクされるオブジェクトより前面に配置します。

➡ オブジェクトのグループ化
➡ P.060

4　■［長方形］ツールを選択し、図のように案内図の必要な部分を囲むようにドラッグして、長方形を作成します。

作成する長方形の塗りや線は、どのような設定でもかまいません。
ここでは塗りを「白」に設定しています。

「クリッピングマスク」とは？

「クリッピングマスク」とは、対象となるオブジェクトや画像を、任意のオブジェクトの形状で切り抜く（型抜きする）機能です。切り抜くといっても実際は切り抜いているわけではなく、見せたくない部分を隠している（マスクしている）状態です。

5 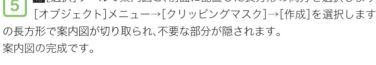[選択]ツールで案内図と、前面に配置した長方形の両方を選択します。
[オブジェクト]メニュー→[クリッピングマスク]→[作成]を選択します。前面の長方形で案内図が切り取られ、不要な部分が隠されます。
案内図の完成です。

クリッピングマスクを作成した後に、クリッピングマスクの表示範囲（長方形の形状）を変更する場合は、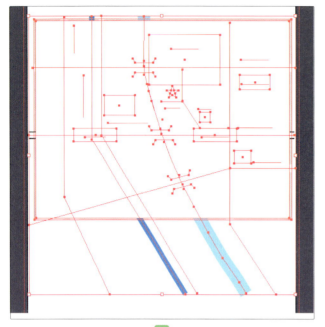で長方形の一辺を選択して、[Shift]キーを押しながらドラッグします。

← 不要な部分が隠される

「クリッピングマスク」は、とても便利な機能。ぜひマスターしてください。

Design Variation

別案のすすめ

立体的な案内図

線路、川、道路、文字にパースを付け、建物には3D効果を適用して、立体的な案内図にしています。

パースは[自由変形]ツールで付けます。このExampleで作成したIllustratorファイル「案内図」を「案内図3D」という名称で別名保存し、道路や文字はアウトライン化し、線路はアピアランスを分割しておきます。すべてのオブジェクトを選択し、[自由変形]ツールでドラッグして遠近のパースを付けます。

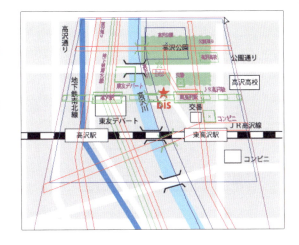

3D効果は[押し出し・ベベル]で設定します。建物と目的地の★を選択し、[効果]メニュー→[押し出し・ベベル]を選択し、表示されるダイアログで図ように設定します。

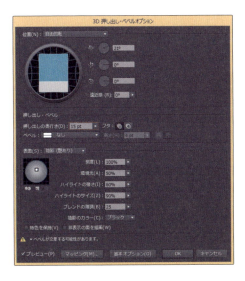

Example 4

ポストカードを作成する

Illustrator 2種類のトリムマーク／基のファイルから別ファイルを作成して保存／画像のトリミング／ドラッグによる拡大・縮小／カーニング・トラッキング・文字ツメ／ Tab キーでの文字揃え／グラデーションマスク／［透明］パネルのマスク／アンカーポイントの削除と切り換え／［整列］パネル／パスファインダー

Photoshop 画像解像度の確認／カラーモードの変更／ファイル形式を変更して保存

表面にキャンペーンの告知と案内の地図、裏面に料理の写真と営業時間などの情報を掲載します。限られたスペースに盛りだくさんの情報をレイアウトしなければなりませんが、すっきりとまとめましょう。

Illustratorのドキュメントに、Photoshopで変換した写真を配置します。

Apprication		
Size		100mm × 148mm（通常はがきサイズ）
Sample Data		「Ex04」→「Ex04完成」→「ポストカード表面.ai」「ポストカード裏面.ai」
Grid		 表面　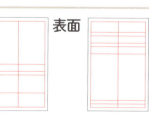 裏面

Ai Step 1 ラフスケッチの作成

はがきとして利用するためのルールを踏まえ、ポストカード両面のラフスケッチを作成します。

Ai Step 2 トンボ（トリムマーク）の作成

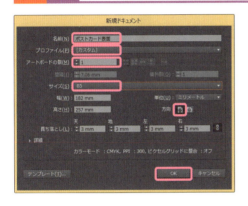

1 Illustratorを起動して、［ファイル］メニュー→［新規］を選択します。表示される［新規ドキュメント］ダイアログで、各種設定を行います。
ここでは、［名前］に「ポストカード表面」と入力し、［プロファイル］は「プリント」を選択、［アートボードの数］は「1」、［サイズ］は「B5」、［方向］は「縦向き」に設定します。
［OK］ボタンをクリックすると、新規ドキュメントが作成されます。

👉 トンボ
➡ P.065

［プロファイル］で「プリント」を選択した後に、［サイズ］で「B5」を選択すると、図のように［プロファイル］の表示が「カスタム」に変わってしまいます。しかし、「プリント」の設定は継続されています。

👉 新規ドキュメントの作成
➡ P.049

2 ［長方形］ツールを選択し、［カラー］パネルで［塗り］と［線］を「なし」に設定します。

107

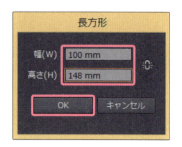

3 ■[長方形]ツールでドキュメントウィンドウの任意の場所をクリックします。表示される[長方形]ダイアログで、[幅]に「100mm」、[高さ]に「148mm」と入力し、[OK]ボタンをクリックします。
トンボの基となるはがきサイズの長方形が作成されます。

Hint
サイズを指定して長方形を作成する場合は、■[長方形]ツールでドラッグするのではなく、[長方形]ダイアログで数値を入力して作成します。

4 [コントロールパネル]の ■▾ [整列]アイコンから[アートボードに整列]を選択してチェックを入れます。
■[水平方向中央に整列]と■[垂直方向中央に整列]をクリックして、長方形をアートボードの中央に配置します。

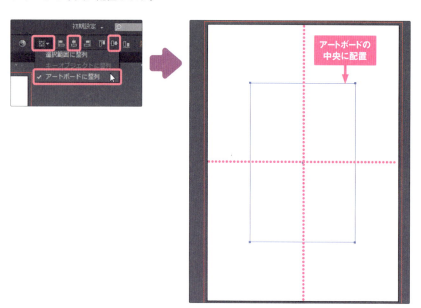

5 長方形が選択されていることを確認し、[オブジェクト]メニュー→[トリムマーク作成]を選択します。
図のようにトンボ(トリムマーク)が作成されます。

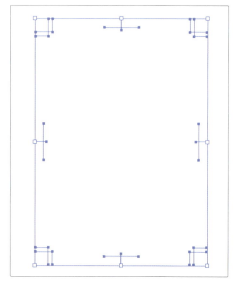

Memo
Example 2では[効果]メニューからトンボを作成しましたが、ここでは[オブジェクト]メニューから作成しました。どちらもトンボとして使用できますが、若干性質が異なります。詳しくは右ページのコラムを参照してください。

👉 トンボ
➡P.065

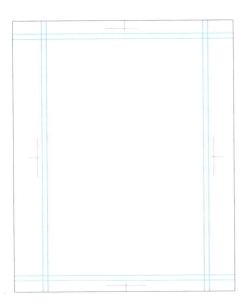

6 [表示]メニュー→[定規]→[定規を表示]を選択し、定規を表示します。
図のように、すべての内トンボと外トンボにガイドラインを作成します。

> **Memo**
> 作業内容に合わせて、画面表示は[ズーム]ツールで適宜拡大・縮小してください。

画面表示の拡大・縮小
➡P.051

ガイドラインの作成
➡P.068

7 左上の内トンボに定規の原点を設定します。

原点の設定
➡P.068

 トンボ（トリムマーク）の作成方法の違い

トンボを作成する方法は、Ⓐ[オブジェクト]メニュー→[トリムマークを作成]を選択する方法と、Ⓑ[効果]メニュー→[トリムマーク]を選択する方法の2通りがあります。
Ⓐの方法で作成したトンボは選択できますが、Ⓑの方法で作成したトンボは選択できません。

試しにトンボの基となった長方形のみを選択して縮小すると、Ⓐは長方形だけが縮小されますが、Ⓑのほうはトンボも連動して縮小されます。
両者にはこのような違いがありますが、どちらもトンボとして問題なく使用できます。

縮小前の状態　　　　　　Ⓐ　　　　　　Ⓑ

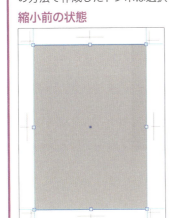 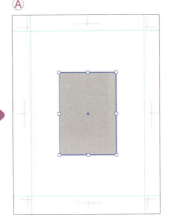 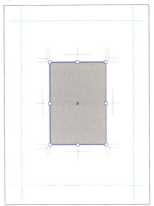

Example 4 ポストカードを作成する

109

Ai Step 3 ファイルの保存

1 ［ファイル］メニュー→［保存］を選択し、Illustratorファイル「ポストカード表面」をフォルダー（ここでは「ポストカード」フォルダー）に保存します。

2 手順①で保存したファイルを基に、もう1つポストカード裏面用のファイルを保存します。
Illustratorファイル「ポストカード表面」を開いたまま、［ファイル］メニュー→［別名で保存］を選択します。ファイル名を「ポストカード裏面」として保存します。

ファイルが増えてしまう前に、あらかじめ新規フォルダーを作成しておき、制作物ごとなどに保存するとよいでしょう。ここでは、「ドキュメント」フォルダー内に「ポストカード」フォルダーを作成しています。

ファイルの保存
➡ P.050

作業中は Ctrl + S キーを押して、こまめに保存するようにしましょう。

新規ファイルを保存するときも、別名で保存するときも、表示されるダイアログの名称は、［別名で保存］ダイアログです。

Ai Step 4 裏面の作成①グリッドの配置

1 ポストカード裏面を作成します。Step 3で作成したIllustratorファイル「ポストカード裏面」を表示もしくは開きます。
［レイヤー］パネルでレイヤー「レイヤー1」のレイヤー名を「トンボ」に変更し、ロックします。
新規レイヤーを作成して、名前に「グリッド」と入力します。レイヤー「グリッド」をレイヤー「トンボ」の下（背面）へ移動します。

レイヤーのロック
➡ P.067

新規レイヤーの作成
➡ P.066

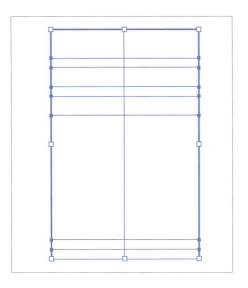

②グリッドを配置します。Illustratorファイル「postcard_G_ura」を開きます。
[選択]メニュー→[すべてを選択]を選択します。続けて[編集]メニュー→[コピー]を選択してコピーします。
この操作を終えたら、Illustratorファイル「postcard_G_ura」を閉じます。

Memo

Illustratorファイル「postcard_G_ura」は、ポストカード裏面を作成する際に使用するグリッドのファイルです。付録CD-ROMの「Ex04」フォルダー→「Ex04素材」フォルダー内に収録されています。あらかじめパソコンにコピーしておきましょう。
ここでは作業しやすいように、独自にあらかじめ作成したグリッドを利用しています。グリッドの基本はP.042を参照してください。

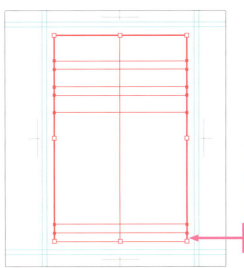

③Illustratorファイル「ポストカード裏面」に戻り、レイヤー「グリッド」が選択されていることを確認します。
[編集]メニュー→[同じ位置にペースト]を選択し、グリッドをペーストします。

グリッドがペーストされる

Hint

[同じ位置にペースト]は、コピー元と同じドキュメントサイズのファイルであれば、まったく同じ位置にペーストされます。ドキュメントサイズが違う場合には、ファイルの左上角を原点にした位置にペーストされます。
ショートカットキーは、Shift + Ctrl + V キーです。

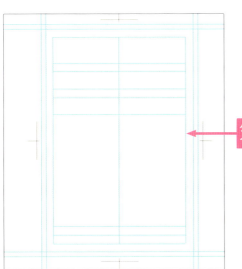

④ペーストしたグリッドが選択されていることを確認し、[表示]メニュー→[ガイド]→[ガイドを作成]を選択して、ガイドラインに変換します。

グリッドがガイドラインに変換される

Caution

グリッドをガイドラインに変換した後もガイドラインが選択されている場合は、[表示]メニュー→[ガイド]→[ガイドをロック]を選択してガイドをロックしておきましょう。

Example 4 ポストカードを作成する

111

Ps Step 5 裏面の作成②画像の解像度／カラーモードの確認

[1] 裏面は全面に写真を配置するデザインにします。Photoshopを起動し、[ファイル]メニュー→[開く]を選択します。表示される[開く]ダイアログでJPEGファイル「E04-01」を選択し、[開く]ボタンをクリックします。

JPEGファイル「E04-01」は、付録CD-ROMの「Ex04」フォルダー→「Ex04素材」フォルダー内に収録されています。あらかじめパソコンにコピーしておきましょう。

[2] 写真の画像ファイル「E04-01」が開きます。ドキュメントウィンドウのタブを確認すると、この画像ファイルはJPEG形式で、カラーモードがRGBに設定されていることがわかります。

[3] [イメージ]メニュー→[画像解像度]を選択して表示される[画像解像度]ダイアログで、ピクセル数やドキュメントのサイズ、解像度を確認します。この写真画像は「幅133.35mm×高さ199.98mm」と、はがきより大きいサイズのため、印刷に必要な解像度は満たされています。[OK]ボタンをクリックしてダイアログを閉じます。

商業用印刷では、実サイズで350pixel/inchを推奨しています。

 解像度
➡P.038

[4] [イメージ]メニュー→[モード]→[CMYKカラー]を選択します。カラー変換に使用するプロファイルを確認するダイアログが表示されるので、[OK]ボタンをクリックします。カラーモードがCMYKに変更されます。

商業用印刷では、カラーモードはCMYKカラーに設定します。

 カラーモード
➡P.036

5 [ファイル]メニュー→[別名で保存]を選択します。表示される[別名で保存]ダイアログで、[ファイル形式]で「Photoshop（＊.PSD，＊.PDD）」を選択し、ファイル「POSTCARD」をフォルダー（ここでは「ポストカード」フォルダー）に保存します。

Ai Step 6 裏面の作成③画像の配置とトリミング

1 Illustratorファイル「ポストカード裏面」に戻り、[レイヤー]パネルでレイヤー「グリッド」をロックします。
新規レイヤーを作成して、名前に「写真」と入力し、一番下(背面)へ移動します。

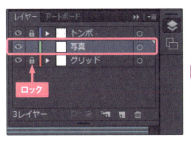

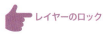
レイヤーのロック
➡P.067

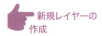
新規レイヤーの作成
➡P.066

2 [ファイル]メニュー→[配置]を選択し、表示される[配置]ダイアログで、Step 5の手順5で保存したPhotoshopファイル「POSTCARD」を選択し、[配置]ボタンをクリックします。

まずPhotoshopで写真の下準備をしておくことが肝心なんですね。

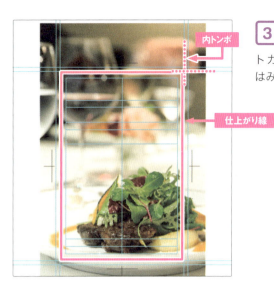

[3] 写真が配置されましたが、トンボの仕上がり線（ポストカードのサイズ）から大きくはみ出しています。

Memo
Illustrator CC 2014を使用の場合は、サムネール付きのマウスポインタが表示されるので、適当な場所でクリックすると配置されます。

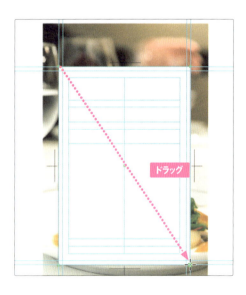

[4] はみ出した部分をトリミングします。
図のように外トンボのガイドラインに合わせて、■［長方形］ツールで長方形を作成します。

Memo
画像をレイアウトする際に不要な部分を切り取ることを「トリミング」と呼びます。Illustratorでは、画像をオブジェクトで型抜きするようにトリミングできます。

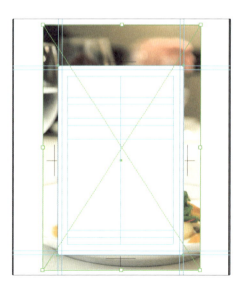

[5] 長方形が選択されていることを確認します。▶［選択］ツールを選択し、Shiftキーを押しながら写真をクリックします。
長方形と写真の両方が選択されます。

Hint
Shiftキー押しながらオブジェクトを選択すると、複数のオブジェクトを同時に選択できます。

114

6 [オブジェクト]メニュー→[クリッピングマスク]→[作成]を選択します。前面にある長方形の形状で写真が切り取られます。

切り取り形状(ここでは長方形)は、必ずトリミングしたい画像(ここでは写真)の前面に配置しなければいけません。
なお、このようにトリミングするにあたって、切り取りしない範囲を保護するために覆う機能を「マスク」と呼びます。

Step 7 裏面の作成④ロゴの配置

1 [レイヤー]パネルでレイヤー「写真」をロックします。レイヤー「写真」が選択された状態で新規レイヤーを作成して、名前に「ロゴと文字」と入力します。

新規レイヤーは、現在選択しているレイヤーの上(前面)に作成されます。

 レイヤーのロック
➡P.067

 新規レイヤーの作成
➡P.066

2 Example 2のStep 8 手順③〜⑤と同様にして、Illustratorファイル「ロゴ」を配置します。

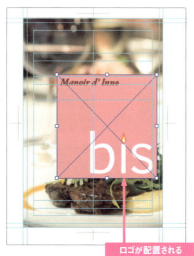

ロゴが配置される

115

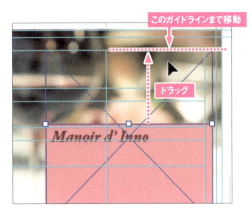

3　[選択]ツールでロゴを選択し、図の位置までドラッグして移動します。

4　バウンディングボックスの右下のハンドルにマウスポインタを合わせ、形状が に変わったら、Shiftキーを押しながら左上に向かってドラッグします。ロゴの下辺が図の位置になるように縮小します。

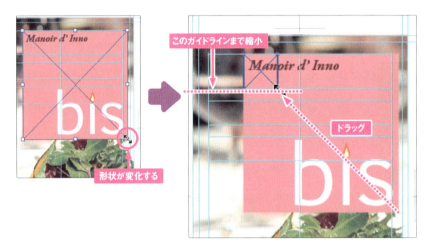

Caution
マウスポインタの形状が変わらない場合は、[表示]メニュー→[バウンディングボックスを表示]でバウンディングボックスを表示しましょう。

Hint
Shiftキーを押しながらドラッグすると、画像の縦横の比率が一定に保たれたまま、拡大縮小されます。逆にShiftキーを押さないと、画像の縦横比が変わってしまうので注意しましょう。

5　[選択]ツールで縮小したロゴを選択して、Shiftキーを押しながら左右中央の位置に移動します。

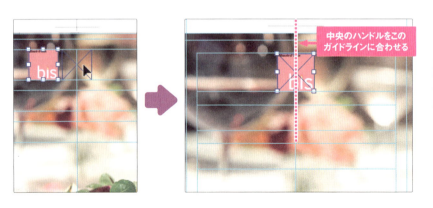

Hint
Shiftキーを押しながらドラッグすると、45度単位でマウスポインタの動きが固定されます。

Ai Step 8 裏面の作成④文字の入力

1. [長方形]ツールを選択し、[カラー]パネルで[塗り]を「M:50%　Y:15%」、[線]を「なし」に設定します。

2. 図の位置のガイドラインから、外トンボいっぱいに、長方形を作成します。
長方形が選択されていることを確認し、[オブジェクト]メニュー→[ロック]→[選択]を選択します。
長方形がロックされます。

手順②で長方形をロックしないと、マウスポインタが下図の状態になり、ピンクの長方形がテキストエリアに変換されてしまいます。

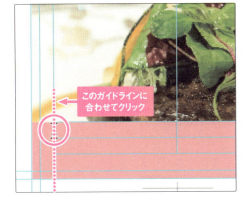

3. [文字]ツールで長方形の左上、図の位置をクリックします。

4. [コントロールパネル]の[文字]をクリックして、表示される[文字]パネルで、「小塚ゴシックPro、スタイル:R、サイズ:6pt」に設定します。

お使いの環境によっては、ここで使用しているフォントが表示されない場合もあります。適宜使用可能なフォントに置き換えてください。
また、[文字]パネルと[段落]パネルは、このように簡易的に[コントロールパネル]から表示させることもできます。

5 【マノワール・ディノの姉妹店「ビス」がオープン＊リーズナブルに美味しいお料理をお楽しみ頂けます】と入力します。
ツールパネルの [文字]ツールをクリックして入力を確定します。

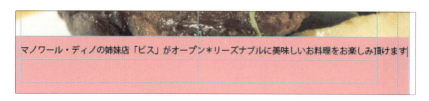

6 文字列を版面のガイドラインの幅に収めるため、文字詰めの調整を行います。
[選択]ツールで文字列を選択します。[文字]パネルの 「文字間のカーニングを設定」の をクリックし、表示される一覧から「自動」を選択します。

Hint

【＊】の入力は、Shiftキーを押しながら、[け]キーを押します。

Caution

入力した文字は、ツールパネルで [文字]ツールまたは他のツールをクリックしなければ、確定されません。

Memo

「版面(はんづら)」とは、文字や写真画像などの要素を配置する領域です。
ここでは、Step4手順④で配置したグリッドの外枠の範囲が、版面となります。

7 [文字]ツールを選択し、文字【「ビス」】の前にカーソルを挿入します。 「文字間のカーニングを設定」に「-400」と入力すると、文字間が詰まります。文字【「ビス」】の後ろも同様に文字間を詰めます。

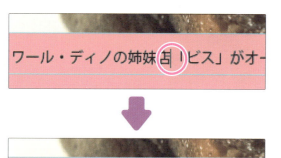

Caution

[コントロールパネル]で表示する[文字]パネルは、設定後閉じてしまいます。そのため、何か設定を行うたびに、[文字]をクリックして表示する必要があります。

細かい作業が多いけれど、文字の調整方法はおぼえておくべきですね。

8 手順⑦と同様に、文字【マノワール・ディノ】の【・】の前後の文字間を「-300」に詰めます。ツールパネルの [文字]ツールをクリックして入力を確定します。

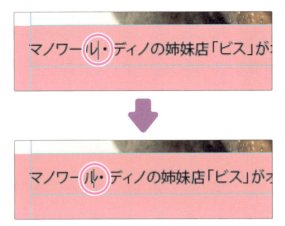

カーニング／トラッキング／文字ツメ

文字間は、[文字]パネルの以下の機能で調整を行います。

❶ **文字間のカーニングを設定**
特定の文字の組み合わせの文字間隔を調整する機能です。
カーニング設定は、文字間にカーソルを挿入して個別に設定することも可能です。

❶-A 自動
詰め情報を持つフォントの場合、自動で調整します。詰め情報を持たないフォントでは機能しません。

❶-B オプティカル
文字の形状に応じて文字間の調整が行われます。詰め情報を持たないフォントでも機能します。欧文に対しての機能ですが、和文に対して設定しても有効です。使用する場合は自身でカーニングの状態を確認しましょう。

❶-C 和文等幅
和文／欧文混合の際、和文はカーニングなしで、欧文は自動で文字間を調整します。CS4以降に搭載された機能です。

❷ 選択した文字のトラッキングを設定
選択した文字列、またはテキストブロック全体の文字間隔を調整する機能です。「字送り」とも呼ばれ、設定すると文字の後（右側）の空きを設定値で均等に詰めることができます。主に欧文に対して使用します（ただし、和文に対しても影響があります）。

❸ 文字ツメ
文字の前後の空きを設定値で均等に詰める機能です。主に和文で文字間の詰め具合を変更する場合に使用します（ただし、欧文に対しても影響があります）。

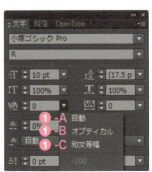

⑨ 文字列が選択されていることを確認し、[カラー]パネルで[塗り]を「C：55%　M：80%　Y：90%」に設定します。
文字の色が変更されます。

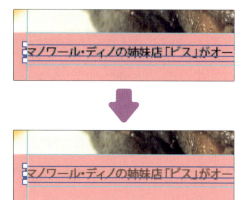

⑩ ■[文字]ツールで手順⑤で入力した文字列の下あたりをクリックし、半角英数モードで【5/21 Open】と入力します。ツールパネルの■[文字]ツールをクリックして入力を確定します。

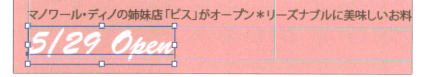

⑪ [文字]パネルで、「Brush Script Std Medium、サイズ：17pt」に設定します。[カラー]パネルで[塗り]を「白」に設定します。

「白」の設定は、「C：0%　M：0%　Y：0%　K：0%」です。

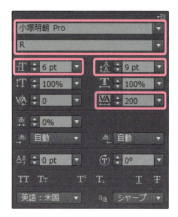

⑫ Shift + Ctrl + A キーですべての選択を解除します。
■[文字]ツールを選択し、[文字]パネルで「小塚明朝Pro、スタイル：R、サイズ：6pt、行送り：9pt、トラッキング：200」に設定します。

Shift + Ctrl + A キーは、[選択を解除]のショートカットキーです。

120

13 [文字]ツールを選択し、文字【5/29 Open】から少し右のあたりをクリックします。
【ランチ11:30〜14:00(ラストオーダー13:30)《改行》ディナー17:30〜22:00(ラストオーダー21:30)】と入力します。

数字は半角英数モードで入力します。

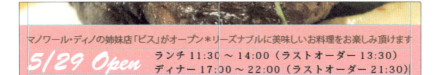

14 文字【ランチ】の後ろにカーソルを挿入して[Tab]キーを押します。同様に【ディナー】の後ろで[Tab]キーを押します。
ツールパネルの[文字]ツールをクリックして入力を確定します。

15 [ウィンドウ]メニュー→[書式]→[タブ]を選択して[タブ]パネルを表示します。
[左揃えタブ]をクリックして選択し、11mmの位置でクリックします。時間の左端で文字が揃います。

設定後、[タブ]パネルは閉じておきます。

16 [カラー]パネルで[塗り]を「白」に設定します。

17 Shift+Ctrl+Aキーですべての選択を解除します。
T[文字]ツールを選択し、[文字]パネルで「小塚ゴシックPro、スタイル:R、サイズ:6pt」に設定します。
さらに[段落]パネルで ≡「中央揃え」に設定します。

[段落]パネルは、T[文字]ツールを選択した状態で[コントロールパネル]の[段落]をクリックすると表示されます。
もしくは、[ウィンドウ]メニュー→[書式]→[段落]を選択します。

18 営業時間の下に、【お問い合わせ:00-000-000】と入力します。
▶[選択]ツールで文字を選択します。[カラー]パネルで[塗り]を「C:55% M:80% Y:90%」、[線]を「なし」に設定します。

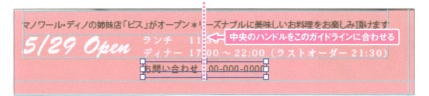

19 上部に配置したロゴの下に、「Brush Script Std Medium、サイズ:28pt」で【This Special Moments】と入力します。
ツールパネルのT[文字]ツールをクリックして入力を確定します。

ドキュメントウィンドウにあるオブジェクトと同色にする場合は、▶[スポイト]ツールを使うと、簡単に色設定ができます。

20 文字列が選択されていることを確認し、▶[スポイト]ツールで長方形のピンク部分をクリックします。文字列の塗りがピンクに変わります。

21 Shift+Ctrl+Aキーですべての選択を解除します。
T[文字]ツールを選択し、[文字]パネルで「小塚明朝Pro、スタイル:M、サイズ:8pt、行送り:12pt、アキを挿入(左/上)アキを挿入(右/下)ともに:八分」、[段落]パネルで「中央揃え」に設定します。

アキを挿入(左/上)とアキを挿入(右/下)は、主に和文で文字間の空き具合を変更する場合に使用します(ただし、欧文に対しても影響があります)。

22 文字【This Special Moments】の下、図のあたりを、ガイドラインに沿ってクリックします。

23 【ゆったりと流れる時間《改行》美味しい食事と楽しい語らい《改行》特別なひとときをお過ごしください】と入力します。
ツールパネルの [文字]ツールをクリックして入力を確定し、文字列の上端を図の位置のガイドラインに合わせます。

24 ポストカード全体が見えるように画面表示を縮小し、手順23で入力した文字が選択されていることを確認します。
[カラー]パネルで[塗り]を「C:55% M:80% Y:90%」、[線]を「なし」に設定します。
文字列の色が変更されます。

Hint

ポストカード全体が見えるように縮小表示するには、[表示]メニュー→[アートボードを全体表示]を選択するのが手軽です。
ショートカットキーは、Ctrl + 0 キーです。

Ai Step 9 裏面の作成⑤トリミングした写真の縮小

1 Step6で、クリッピングマスク機能で写真をトリミングしましたが、料理が見切れ、文字が背景に埋もれて読みづらい状態です。
料理全体が見えるように写真を縮小し、文字が読みやすいように背景に手を加えます。

Example 4 ポストカードを作成する

２ ［レイヤー］パネルでレイヤー「写真」以外のレイヤーをロックします。
レイヤー「写真」を選択します。

３ ［ダイレクト選択］ツールで写真を選択します。
元の写真サイズの枠が表示されます。

元の写真サイズの枠が表示される

Step6でトリミングした写真は、見た目には長方形の形状で型抜きされていますが、実際には切り取られた部分は隠れているだけで、元の写真の状態は保持されています。
［ダイレクト選択］ツールで選択すると、マスクしたオブジェクト（ここでは長方形）は選択されず、元の写真のみを選択できます。

４ ［選択］ツールを選択し、元の写真サイズの枠の右下のハンドルにマウスポインタを合わせます。
マウスポインタの形状が に変わります。

マウスポインタの形状が変わらない場合は、［表示］メニュー→［バウンディングボックスを表示］でバウンディングボックスを表示しましょう。

⑤ Shiftキーを押しながら写真の中心に向けてドラッグして、図のように写真を縮小します。

Shiftキーを押しながらドラッグすると、画像の縦横の比率が一定に保たれたまま、拡大縮小されます。逆にShiftキーを押さないと、画像の縦横比が変わってしまうので注意しましょう。

⑥ 左下のハンドルにマウスポインタを合わせ、Shiftキーを押しながら写真の中心に向けてドラッグします。図のように、料理全体が見える状態まで、写真を縮小します。

見せたい部分が表示されるように写真を縮小したら一段落！

Ai Step 10 裏面の作成⑥グラデーションマスク

1. 通常のトリミングであればStep 9で作業は終了ですが、ここでは写真にグラデーション加工を施すため、クリッピングマスク機能ではない、別の方法でマスクを設定し直します。

[選択]ツールで写真を選択します。[オブジェクト]メニュー→[クリッピングマスク]→[解除]を選択して、クリッピングマスクを解除します。

写真と長方形が同時に選択される

Caution
Step 6でクリッピングマスク機能を使って設定したマスクは、グラデーションに対応していないので、いったん解除します。

前面の長方形だけを選択

2. Shift + Ctrl + A キーですべての選択を解除します。

[選択]ツールで前面の長方形だけを選択します。

文字がかかる部分は写真のトーンを薄くして、読みやすくします。

3 ツールパネルの下にある[塗り]ボックスが前面にあるのを確認し、■[グラデーション]をクリックします。
長方形の塗りに、左右に変化するグラデーションが適用されます。

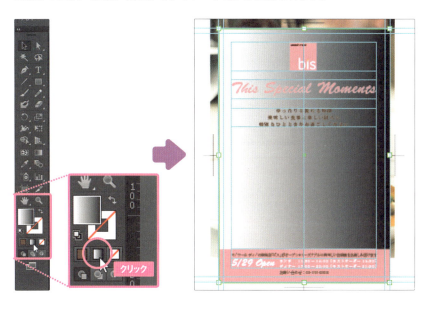

4 下部から上部にかけて徐々に写真の濃度を薄くしたいので、グラデーションの向きを変更します。
[グラデーション]パネルの △ [角度]に「90」と入力します。
グラデーションの向きが左右から上下に変わります。

■[グラデーション]をクリックすると、自動的に[グラデーション]パネルが表示されます。

数値を入力するダイアログボックスでは、「°」などの単位を入力する必要はありません。数値を入力すると、単位も自動的に入力されます。

Example 4 ポストカードを作成する

5 [選択]ツールで、グラデーションを設定した長方形と写真の両方を選択します。[透明]タブをクリックして[透明]パネルを表示し、[マスク作成]をクリックします。

Memo

[透明]タブが見当たらない場合は、[ウィンドウ]メニュー→[透明]を選択します。

Hint

6 写真がグラデーションでマスクされます。
しかし、グラデーションが写真全体にかかり、肝心の料理の部分も薄くなっています。
写真の下方、料理の部分が本来の濃度で表示されるようにします。

グラデーションマスクは、CS6から搭載された機能です。マスクを使い、画像の透明度を変化させることができます。
マスクのグラデーションの黒い部分が隠すところで、白い部分が表示するところです。その間のグレーの濃淡で表示が変化します。
[透明]パネルの「マスクを反転」にチェックを入れると、表示のグラデーションを逆にすることもできます。

7 グラデーションの設定を調整します。
[透明]パネルのサムネール右側（グラデーション）をクリックします。
グラデーションを設定した長方形が選択されます。

[透明]パネルのサムネールは、左側がマスクされたオブジェクト、右側がマスクオブジェクトです。オレンジ色の枠が表示されているほうが選択されていて、編集可能な状態です。

Example 4 ポストカードを作成する

8 [グラデーション]タブをクリックして[グラデーション]パネルを表示します。
グラデーションスライダーバーの左下の白いカラー分岐点を右にスライドして、[位置]が「50%」となるように調整します。料理部分がくっきりと表示されます。
しかし、ピンクの文字部分が少し見づらいので、さらにマスクのグラデーションを調整します。

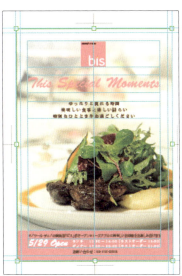

直接「50%」と入力するか、▼をクリックして表示されるプルダウンメニューから「50%」を選択して設定することもできます。

129

⑨ グラデーションスライダーバーの上にあるグラデーションスライダーを左にスライドして、[位置]が「25%」となるように調整します。
ピンクの文字が見やすくなります。
これでポストカードの裏面の完成です。

Memo
完成図は、[表示]メニュー→[ガイド]→[ガイドを隠す]でガイドを非表示にしています。

Ai Step 11 表面の作成①グリッドの配置

① ポストカード表面を作成します。
Step ❸ で作成したIllustratorファイル「ポストカード表面」を開きます。
[レイヤー]パネルでレイヤー「レイヤー1」のレイヤー名を「トンボ」に変更し、ロックします。新規レイヤーを作成して、名前に「グリッド」と入力します。
レイヤー「グリッド」をレイヤー「トンボ」の下(背面)へ移動し、選択します。

新規レイヤーの作成
➡P.066

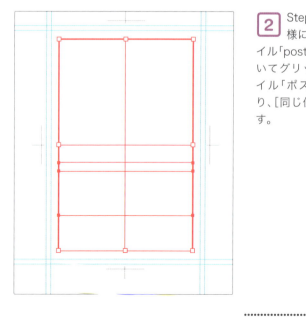

② Step ❹ 手順②〜③と同様にして、Illustratorファイル「postcard_G_omote」を開いてグリッドをコピーし、ファイル「ポストカード表面」に戻り、[同じ位置にペースト]します。

Memo
Illustratorファイル「postcard_G_omote」は、ポストカード裏面を作成する際に使用するグリッドのファイルです。

Hint
[同じ位置にペースト]のショートカットキーは、Shift + Ctrl + V キーです。

130

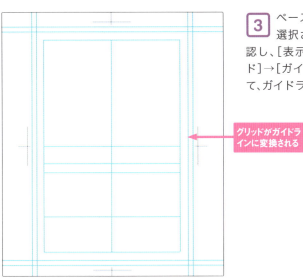

3 ペーストしたグリッドが選択されていることを確認し、[表示]メニュー→[ガイド]→[ガイドを作成]を選択して、ガイドラインに変換します。

グリッドがガイドラインに変換される

Caution
グリッドをガイドラインに変換した後もガイドラインが選択されている場合は、[表示]メニュー→[ガイド]→[ガイドをロック]でロックしておきましょう。

Example 4 ポストカードを作成する

Ai Step 12 表面の作成②案内図の配置

1 [レイヤー]パネルでレイヤー「グリッド」をロックします。新規レイヤーを作成して、名前に「背景」と入力します。レイヤー「背景」を一番下(背面)へ移動し、選択します。

→新規レイヤーの作成
➡P.066

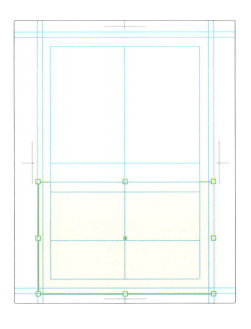

2 [長方形]ツールで、中央より1つ下のガイドラインから下の外トンボまでいっぱいに、[塗り]が「M:5%　Y:10%」、[線]が「なし」の長方形を作成します。

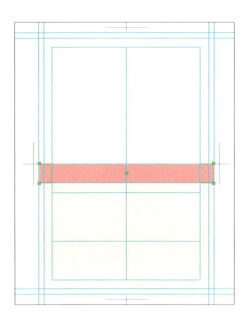

3 手順②で作成した長方形の上に、[塗り]が「M:50% Y:15%」、[線]が「なし」の長方形を作成します。

4 [レイヤー]パネルで、レイヤー「背景」をロックします。レイヤー「背景」の上に新規レイヤーを作成して、名前に「Map」と入力します。

レイヤーのロック
➡P.067

5 Example 2のStep 8 手順③〜⑤と同様にして、Example 3で作成したIllustratorファイル「案内図統合」を配置します。

地図が配置される

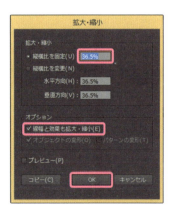

6 案内図が選択されていることを確認して、ツールパネルの [拡大・縮小]ツールをダブルクリックします。
表示される[拡大・縮小]ダイアログで、[縦横比を固定]に「36.5%」と入力して、[OK]ボタンをクリックします。
案内図が36.5%の大きさに縮小されます。

132

7 [選択]ツールで案内図を選択し、図の位置までドラッグして、移動します。

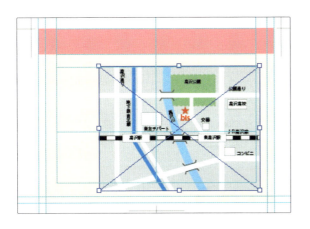

8 [長方形]ツールで任意の場所をクリックし、幅65mm、高さ51mmの長方形を作成します。
作成した長方形を選択し、図の位置に移動します。

長方形の作成
➡P.108

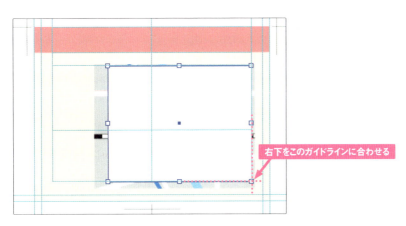

9 長方形と案内図の両方を選択し、[オブジェクト]メニュー→[クリッピングマスク]→[作成]を選択して、案内図をトリミングします。

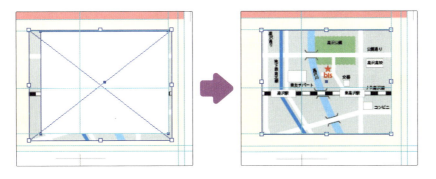

Ai Step 13 表面の作成③文字の入力-1

1 [文字]ツールを選択し、図の位置で矩形に囲んで、テキストエリアを作成します。

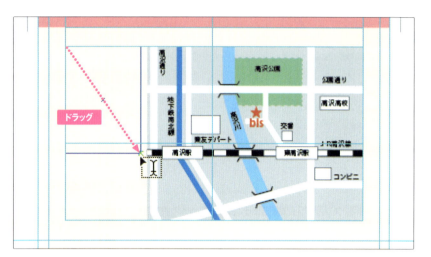

> **Hint**
> 範囲を決めて、複数行の文字列を入力する場合は、テキストエリアを作成して入力します。

テキストエリア
➡P.080

2 [コントロールパネル]で[文字]と[段落]を図のように設定します。

> **Memo**
> 「文字間のカーニングを設定」の「オプティカル」と「自動」は、どちらも文字間を詰める機能ですが、調整方法が異なります。

カーニング／トラッキング／文字ツメ
➡P.119

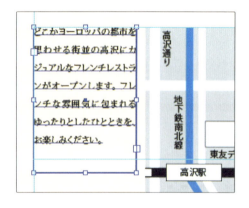

3 【どこかヨーロッパの都市を思わせる街並の高沢にカジュアルなフレンチレストランがオープンします。フレンチな雰囲気に包まれるゆったりとしたひとときを、お楽しみください。】と入力します。
ツールパネルの[文字]ツールをクリックして入力を確定します。

4 Illustratorファイル「ポストカード裏面」を開いてロゴをコピーし、Illustratorファイル「ポストカード表面」に戻り、[ペースト]します。
[選択]ツールでロゴを選択し、図の位置までドラッグして移動します。

Illustratorファイル「ポストカード裏面」のレイヤー「ロゴと文字」のロックを解除してから、ロゴを選択してコピーします。

5 [文字]ツールを選択し、ロゴと案内図の下に、欄外の設定で図のように入力します。

●文字設定▶
小塚ゴシック Pro、スタイル:R、サイズ:5.5pt

Ai Step 14 表面の作成④シャンパングラスの作成

1 [カラー]パネルで[塗り]を「白」、[線]を「なし」に設定します。
[長方形]ツールを選択し、ピンクの帯のあたりで、任意の場所をクリックします。

ここでは、[長方形]ツールと[楕円形]ツールを使ってシャンパングラスを作成します。

2 表示される[長方形]ダイアログで、[幅]に「3mm」、[高さ]に「6mm」と入力して[OK]ボタンをクリックします。
長方形が作成されます。

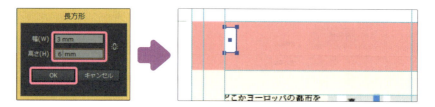

3 [Shift]+[Ctrl]+[A]キーですべての選択を解除します。
[ダイレクト選択]ツールを選択し、[Shift]キーを押しながら下辺の2つのアンカーポイントをクリックして選択します。

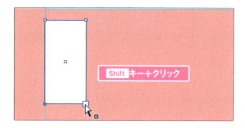

4 [オブジェクト]メニュー→[パス]→[平均]を選択します。表示される[平均]ダイアログで「2軸とも」を選択し、[OK]ボタンをクリックします。
2つのアンカーポイントが中央の位置で重なり、形状が逆三角形になります。

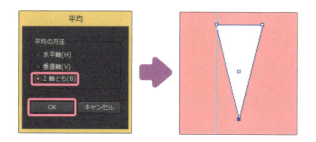

5 [アンカーポイントの削除]ツールを選択して、逆三角形の下のアンカーポイントをクリックします。
重なっているアンカーポイントのうち1つが削除され、3つのアンカーポイントを持つ逆三角形のオブジェクトになります。

Memo

[アンカーポイントの削除]ツールは、[ペン]ツールを長押しして選択します。

形状を組み合わせて加工することでイラストのようにするんですね。

6 ⌈アンカーポイントの切り換え⌉ツールを選択します。
逆三角形の下のアンカーポイントをクリックし、そのまま Shift キーを押しながら左方向にドラッグします。
先端が曲線になります。

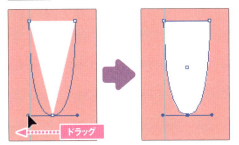

Hint

⌈アンカーポイントの切り換え⌉ツールも、⌈ペン⌉ツールを長押しして選択します。このツールは、アンカーポイントの属性を、コーナー⇔スムーズで切り換えます。
なお、Illustrator CC 2014の場合は、名称が⌈アンカーポイント⌉ツールとなります。

7 ⌈長方形⌉ツールで図左のようにグラスの足となる長方形を作成します。
⌈楕円形⌉ツールで図右のようにグラスの台部分となる楕円形を作成します。楕円形は、マウスポインタを左上から右下に向かってドラッグして作成します。

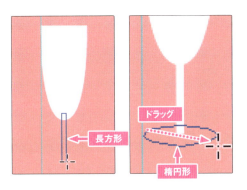

Memo

⌈楕円形⌉ツールは、⌈長方形⌉ツールを長押しして選択します。

8 作成した楕円形が選択されていることを確認し、⌈コントロールパネル⌉の⌈整列⌉アイコンから⌈選択範囲に整列⌉を選択します。
⌈選択範囲に整列⌉にチェックが付きます。

Caution

⌈アートボードに整列⌉が選択されていると、アートボードが整列の基準になり、結果が異なってしまいます。

9 ⌈選択⌉ツールで、Shift キーを押しながら手順①～⑦で作成した3つのオブジェクトを選択します。

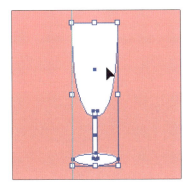

10 ［コントロールパネル］の［整列］をクリックして［整列］パネルを表示し、[水平方向中央に整列］をクリックします。
3つのオブジェクトが中央に整列します。

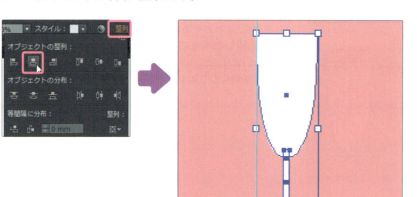

ウィンドウサイズなどによっては、［整列］パネルのアイコンが［コントロールパネル］に一覧表示されている場合もあります（P.108 Step 4 手順④参照）。

11 3つのオブジェクトが選択されていることを確認し、［ウィンドウ］メニュー→［パスファインダー］を選択します。表示される［パスファインダー］パネルで、[合体］をクリックします。

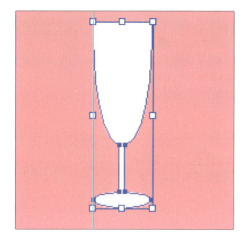

12 3つのオブジェクトが合体して、1つのオブジェクトになります。
シャンパングラスの形状の完成です。

Ai Step 15 表面の作成⑤文字の入力-2

1 [文字]ツールを選択し、シャンパングラスの右横に【ウェルカムドリンクキャンペーン】と入力します。
さらにその下に、【5/29〜6/21】と入力します。
ツールパネルの[文字]ツールをクリックして入力を確定します。

●文字設定▶
小塚ゴシック Pro、スタイル:M、サイズ:7pt

●文字設定▶
Brush Script Std Medium、サイズ：14pt、トラッキング：100

2 [選択]ツールで入力した文字を選択して、[カラー]パネルで[塗り]を「白」に設定し、位置を整えます。

3 Shift + Ctrl + A キーですべての選択を解除します。
[文字]ツールを選択し、[コントロールパネル]の[文字]と[段落]で図のように設定します。

4 図の位置で矩形に囲んでテキストエリアを作成します。【マノワール・ディノビスでは、期間中このはがきを持参の方へ、シャンパン・ワイン・ソフトドリンクのいずれか1杯をサービスしています。】と入力します。
ツールパネルの[文字]ツールをクリックして入力を確定します。

テキストエリア
➡P.080

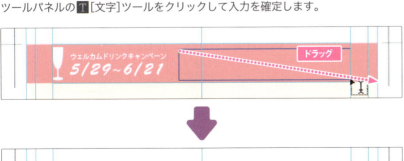

Example 4 ポストカードを作成する

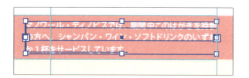

5 [カラー]パネルで[塗り]を「白」に設定します。
Shift+Ctrl+Aキーですべての選択を解除します。

Hint
文字の入力前に[カラー]パネルで[塗り]を黒以外の色に設定しても、文字の入力時、文字の色は常に黒の設定になります。文字の色設定は入力後に行いましょう。

6 [カラー]パネルで[線]を「白」に設定し、[線]パネルで[線幅]を「0.25pt」に設定します。
[直線]ツールで日付と説明文の中間あたりをクリックし、そのままShiftキーを押しながら下方向へドラッグして、垂直線を作成します。

Memo
Shiftキーを押しながらドラッグすると、45度単位でマウスポインタの動きが固定されます。

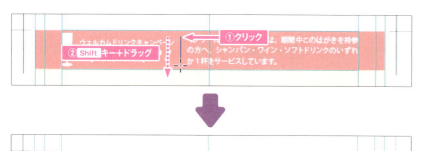

Ai Step 16 表面の作成⑥はがきの規定表記を配置

1 Shift+Ctrl+Aキーですべての選択を解除します。
[文字]ツールを選択し、[コントロールパネル]の[文字]と[段落]で図のように設定します。

2 ガイドライン上部の中央をクリックし、【POST CARD】と入力します。

140

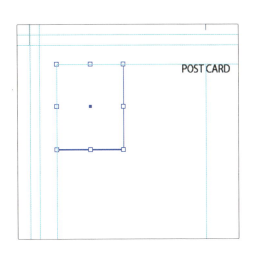

3 Shift + Ctrl + A キーですべての選択を解除します。

 [長方形]ツールを選択し、[カラー]パネルで[塗り]を「なし」、[線]を「K:100%」、[線]パネルで[線幅]を「0.25pt」に設定します。

任意の場所をクリックし、幅20mm、高さ25mmの長方形を作成します。

作成した長方形を選択し、図の位置に移動します。

4 ポストカードの表面の完成です。

Memo

完成図は、[表示]メニュー→[ガイド]→[ガイドを隠す]でガイドを非表示にしています。

［表示］メニュー→［アートボードを全体表示］で、全体を確認しましょう。

Example 4 ポストカードを作成する

Example 5 チラシを作成する

Illustrator 移動とコピー／変形の繰り返し／パスの自由変形／連続コピー／オブジェクトの重ね順／ドロップシャドウ

Photoshop ［切り抜き］ツール／［なげなわ］ツール／調整レイヤー（白黒）／調整レイヤー（2階調化）／［消しゴム］ツール／［ブラシ］ツール／カラーモードの変更／調整レイヤー（トーンカーブ）／色域指定／［自動選択］ツール／［クイック選択］ツール

イベント告知のためのチラシを作成します。楽しい雰囲気を演出しつつ、日時や料金、イベント内容などの情報がしっかりと伝わるようにします。

 Apprication

 Size　182mm × 257mm（B5）

 Sample Data　「Ex05」→「Ex05完成」→「チラシ.ai」

 Grid

IllustratorとPhotoshopを使って、写真を基にしたビジュアルを作ってみます。

142

Ai Step 1 トンボ（トリムマーク）の作成

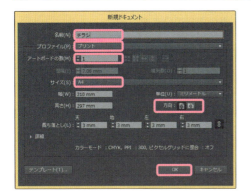

1. Illustratorを起動して、[ファイル]メニュー→[新規]を選択します。表示される[新規ドキュメント]ダイアログで各種設定を行います。
ここでは、[名前]に「チラシ」と入力し、[プロファイル]は「プリント」を選択、[アートボード]は「1」、[サイズ]は「A4」、[方向]は「縦向き」に設定します。
[OK]ボタンをクリックすると、新規ドキュメントが作成されます。

Hint
チラシの仕上がりサイズはB5サイズですが、トンボを付けるため、ドキュメントサイズはひと回り大きいA4サイズで作成します。

2. [ファイル]メニュー→[保存]を選択し、Illustratorファイル「チラシ」をフォルダー（ここでは「チラシ」フォルダー）に保存します。

ファイルの保存
➡P.050

Memo
作業中は Ctrl + S キーを押して、こまめに保存するようにしましょう。

3. ■[長方形]ツールを選択し、[カラー]パネルで[塗り]と[線]を「なし」に設定します。

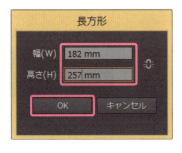

4. ■[長方形]ツールでドキュメントウィンドウの任意の場所をクリックします。表示される[長方形]ダイアログで、[幅]に「182mm」、[高さ]に「257mm」と入力し、[OK]ボタンをクリックします。
トンボの基となるB5サイズの長方形が作成されます。

Example 5 チラシを作成する

143

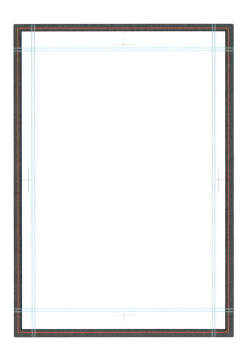

5 Example 4のStep 2 手順④〜⑦と同様にして、トンボとガイドラインを作成し、左上の内トンボに定規の原点を設定します。

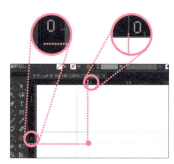

Ai Step 2 グリッドの配置

1 [レイヤー]パネルでレイヤー「レイヤー1」のレイヤー名を「トンボ」に変更し、ロックします。
新規レイヤーを作成して、名前に「グリッド」と入力します。レイヤー「グリッド」をレイヤー「トンボ」の下（背面）へ移動します。

パネルの表示
→P.013

レイヤーのロック
→P.067

新規レイヤーの作成
→P.066

[レイヤー]パネルの下部にある[新規レイヤーを作成]アイコンをクリックしても、新規レイヤーを作成できます。

144

2 Illustratorファイル「flyer_G」を開きます。
［選択］メニュー→［すべてを選択］を選択します。続けて［編集］メニュー→［コピー］を選択してコピーします。
この操作を終えたら、Illustratorファイル「flyer_G」を閉じます。

Memo

Illustratorファイル「flyer_G」は、チラシを作成する際に使用するグリッドのファイルです。付録CD-ROMの「Ex05」フォルダー→「Ex05素材」フォルダー内に収録されています。あらかじめパソコンにコピーしておきましょう。
ここではExample 4と同様、独自に作成したグリッドを使用しています。

Example **5**

チラシを作成する

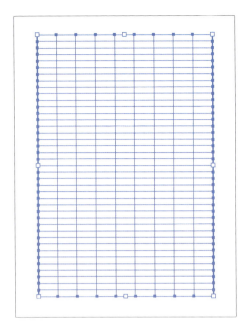

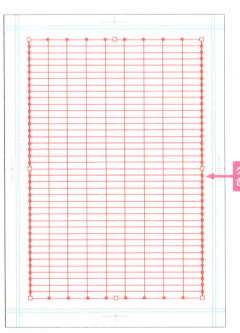

3 Illustratorファイル「チラシ」に戻り、［レイヤー］パネルでレイヤー「グリッド」が選択されていることを確認します。
［編集］メニュー→［同じ位置にペースト］を選択し、グリッドをペーストします。

グリッドがペーストされる

Hint

［同じ位置にペースト］のショートカットキーは、Shift＋Ctrl＋Vキーです。

［同じ位置にペースト］
→P.111

レイアウトの目安となるグリッドを準備しましょう。

145

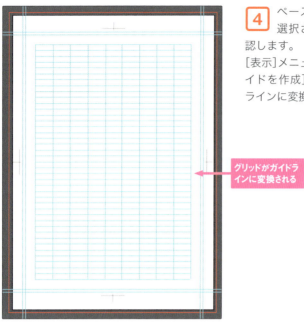

[4] ペーストしたグリッドが選択されていることを確認します。
[表示]メニュー→[ガイド]→[ガイドを作成]を選択して、ガイドラインに変換します。

グリッドがガイドラインに変換される

グリッドをガイドラインに変換した後もガイドラインが選択されている場合は、[表示]メニュー→[ガイド]→[ガイドをロック]でロックしておきましょう。

Ai Step 3 背景の作成

[1] 背景にストライプ模様のオブジェクトを配置します。
[レイヤー]パネルでレイヤー「グリッド」をロックします。新規レイヤーを作成して、名前に「背景」と入力し、一番下（背面）へ移動します。

レイヤーのロック
→P.067

新規レイヤーの作成
→P.066

[2] [長方形]ツールを選択し、[カラー]パネルで[塗り]を「C:20%」、[線]を「なし」に設定します。
ガイドラインの左上角にマウスポインタを合わせてクリックし、表示される[長方形]ダイアログで、[幅]に「3mm」、[高さ]に「150mm」と入力し、[OK]ボタンをクリックします。
縦に細長い長方形が作成されます。

[長方形]ダイアログで数値入力を行うと、通常は左上を起点とした長方形が作成されますが、[Alt]キーを押しながらクリックすると、クリックした位置を中心に、長方形が作成されます。

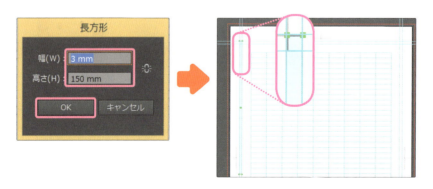

146

3 長方形が選択されていることを確認し、[選択]ツールをダブルクリックします。表示される[移動]ダイアログで、[水平方向]に「3mm」と入力して、[コピー]ボタンをクリックします。
作成した長方形の3mm右側に、もう1つ長方形がコピーされます。

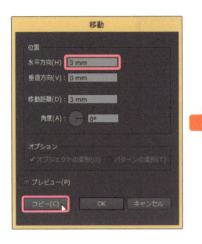

Memo

[移動]ダイアログは、[オブジェクト]メニュー→[変形]→[移動]を選択しても表示できます。

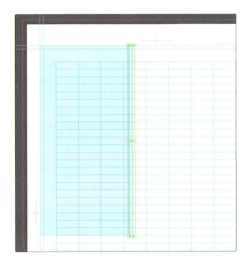

4 [Ctrl]キーを押しながら[D]キーを23回押します。23個の長方形が3mmずつ右へ移動しながらコピーされます。

Memo

[Ctrl]+[D]キーは、[変形の繰り返し]のショートカットキーです。直前に行った変形が、繰り返し適用されます。

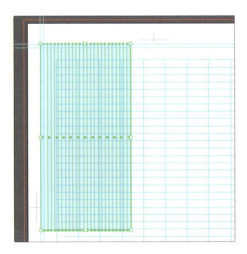

5 [Shift]キーを押しながら、図のように長方形を1つおきに選択します。
[カラー]パネルで[塗り]を「M:50%　Y:15%」に変更します。

147

6 Ctrl + A キーで、すべての長方形を選択します。 [選択]ツールをダブルクリックします。表示される[移動]ダイアログで、[水平方向]に「0mm」、[垂直方向]に「150mm」と入力して、[コピー]ボタンをクリックします。
選択した長方形の下側に、長方形がコピーされます。

Ctrl + A キーは、[すべてを選択]のショートカットキーです。

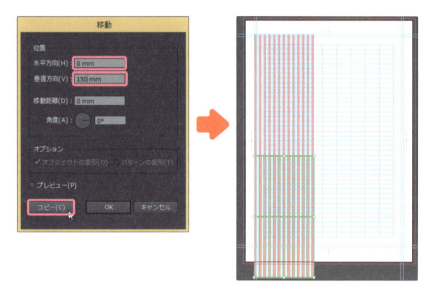

7 コピーされた長方形が選択されていることを確認します。
[オブジェクト]メニュー→[グループ]を選択し、グループにします。

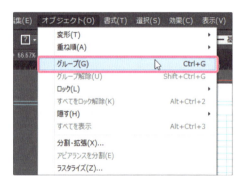

[グループ]のショートカットキーは、Ctrl + G キーです。

グループ
➡P.060

8 長方形が選択されていることを確認し、[効果]メニュー→[パスの変形]→[パスの自由変形]を選択します。表示される[パスの自由変形]ダイアログで、図のように右下のポイントを水平を保ちながらドラッグして、[OK]ボタンをクリックします。

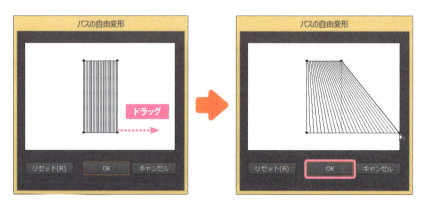

148

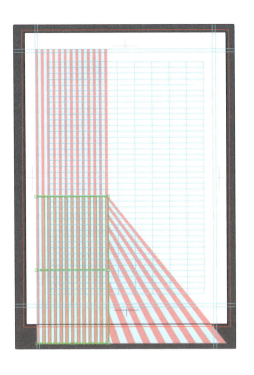

⑨ 図のようにオブジェクトが変形されます。

手順⑦でグループにしていないと、下図のように変形の結果がかなり異なってしまいます。

⑩ バウンディングボックス下の中央のハンドルを選択し、下の外トンボのガイドラインまで、上に向かってドラッグします。ストライプの背景が作成されます。

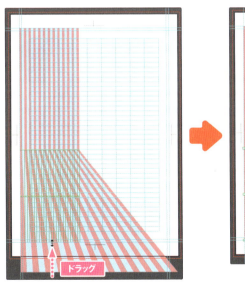

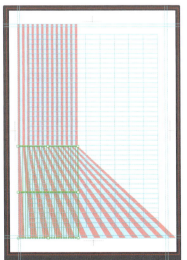

バウンディングボックスが表示されていない場合は、[表示]メニュー→「バウンディングボックスを表示]を選択して、表示します。

オブジェクトをコピー、変形して、まずストライプ柄を完成させます。

Ps Step 4 写真の加工①トリミング／切り抜き

1 Photoshopを起動して、JPEGファイル「ex5-11」を開きます。

Memo

JPEGファイル「ex5-11」は、付録CD-ROMの「Ex05」フォルダー→「Ex05素材」フォルダー内に収録されています。あらかじめパソコンにコピーしておきましょう。

Photoshopでファイルを開く
➡P.112

2 [イメージ]メニュー→[画像解像度]を選択し、表示される[画像解像度]ダイアログで解像度を確認します。
[画像の再サンプル]のチェックを外し、[解像度]に「350」と入力します。すると、[ドキュメントのサイズ]が「幅：52.25mm」と、B5サイズよりかなり小さくなります。このままでは商業用印刷での使用が難しく、また写真にノイズが多いなど、画質にも問題があります。そこで、写真をイラストタッチに加工して使用することにします。

Hint

商業用印刷では、実サイズで350pixel/inchを推奨しています。ここではB5サイズ（幅182mm）に足りていないので、使用は難しいと判断しています。

解像度
➡P.038

Memo

解像度を高くしても画質がよくなるわけではありませんが、イラストタッチに加工するには有効な方法です。低解像度の画像を拡大すると、四角いブロックを積み上げたようになっています。高解像度にすると、このブロックが滑らかになります。

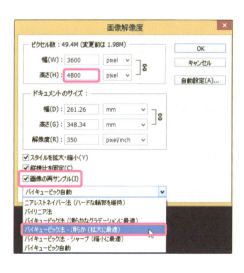

3 このままの解像度でイラストタッチに加工しても、画質の粗い仕上がりになってしまいます。そこで、加工用に解像度を高くします。[画像の再サンプル]にチェックを入れ、[ピクセル数]で[高さ]に「4800」（pixel)と入力します（Photoshop CC 2014を使用の場合は、[幅]と[高さ]の単位を「pixel」に変更し、「4800」と入力します）。
一番下のプルダウンメニューから「バイキュービック法-滑らか（拡大に最適）」を選択し、[OK]ボタンをクリックします。

低解像度

高解像度

150

4 [ズーム]ツールを選択し、[コントロールパネル]で[ズームアウト]アイコンをクリックします。
数回クリックし、ピアニストとピアノが画面に収まるぐらいに画面を縮小表示します。

Hint

[ズームイン]と[ズームアウト]は、Altキーを押すことで、一時的に切り換えることができます。

5 写真の使用する範囲を切り抜きます。
[切り抜き]ツールでピアニストとピアノを囲むようにドラッグします。切り抜かれる範囲がハイライト表示され、四隅と辺の中央に8箇所のハンドルが表示されます。

Hint

思い通りに囲めなかった場合は、四隅と辺の中央にあるハンドルをドラッグして、修正します。

6 ハンドルをドラッグして範囲を図のように調整し、切り抜き範囲の内側でダブルクリックします。写真が切り抜かれます。

7 背景レイヤーを通常のレイヤーに変換します。[レイヤー]パネルでレイヤー「背景」をダブルクリックします。表示される[新規レイヤー]ダイアログで、このまま[OK]ボタンをクリックします。

👉 背景レイヤー
➡ P.192

8 さらに、人物とピアノ部分を切り抜きます。
[なげなわ]ツールを長押しし、[多角形選択]ツールを選択します。

Memo

[なげなわ]ツールを使用中、Altキーを押すと、一時的に[多角形選択]ツールになります。

9 図の始点の位置でクリックします。図のように輪郭に沿って不要な部分を囲むように順にクリックしていき、終点として始点の位置でクリックします。

細かく部位を分けて範囲を選択、削除するという作業を繰り返すのがポイントです。

10 選択範囲が作成されるので、[編集]メニュー→[消去]を選択するか、Delete キーを押すと、不要な部分が削除されます。

11 手順⑨～⑩と同様にして、図のように不要な部分を選択して削除し、写真の切り抜きを完成させます。
[選択範囲]メニュー→[選択を解除]を選択し、すべての選択を解除します。

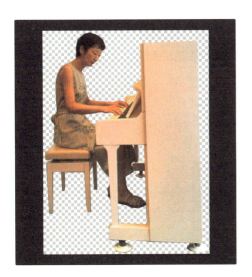

切り抜いた写真はこのあと加工するので、それほど正確に切り抜く必要はありません。

イラストの背景に表示されている白とグレーの市松模様はPhotoshop上での透明を表す模様です。詳しくはP.192のコラム「レイヤー」を参照してください。

12 [ファイル]メニュー→[別名で保存]を選択します。表示される[別名で保存]ダイアログで、[ファイル形式]で「Photoshop（＊.PSD, ＊.PDD）」を選択し、ファイル「ピアニストイラスト」をフォルダー（ここでは「チラシ」フォルダー）に保存します。

念のため切り抜き前の元画像を残しておくため、別ファイルとして保存しておきます。

Example 5 チラシを作成する

Ps Step 5 写真の加工②イラストタッチに変換

1 画像をカラーから白黒に変換します。
　[レイヤー]メニュー→[新規調整レイヤー]→[白黒]を選択し、表示される[新規レイヤー]ダイアログで、このまま[OK]ボタンをクリックします。
調整レイヤー「白黒 1」が作成されます。

調整レイヤー
➡P.175

[色調補正]パネルの[白黒の調整レイヤーを新規作成]アイコンをクリックしても、調整レイヤー「白黒1」が作成され、同様に調整できます。

2 調整レイヤー「白黒 1」が作成されると同時に、画像が白黒に変換されます。
　自動的に表示される[属性]パネルで、[プリセット]のプルダウンメニューから「明るく」を選択します。白黒画像が明るく調整されます。

3 白黒の画像を2階調化します。
[レイヤー]メニュー→[新規調整レイヤー]→[2階調化]を選択し、表示される[新規レイヤー]ダイアログで、[OK]ボタンをクリックします。
調整レイヤー「2階調化1」が作成されます。

> Hint
> [色調補正]パネルの[2階調化の調整レイヤーを新規作成]アイコンをクリックしても、同様に調整できます。

4 調整レイヤー「2階調化1」が作成されると同時に、画像が白黒の2階調に変換されます。
自動的に表示される[属性]パネルで、[しきい値]に「112」と入力します。
白黒のバランスが調整されます。

5 レイヤーを1つにまとめます。
[レイヤー]パネルでレイヤー「2階調化1」が選択されていることを確認し、パネルメニューから[表示レイヤーを結合]を選択します。

👉 パネルメニューの表示 ➡ P.066

Example 5 チラシを作成する

155

6 作業用のレイヤーを作成します。
［レイヤー］パネルのパネルメニューから［新規レイヤーを作成］を選択し、新規レイヤーを作成します。
作成されたレイヤー「レイヤー1」を一番下（背面）へ移動します。

一番下に移動

Ps Step 6 写真の加工③画像の修正

1 レイヤー「レイヤー1」が選択されていることを確認し、［編集］メニュー→［塗りつぶし］を選択します。
表示される［塗りつぶし］ダイアログで、［使用］を「カラー」に設定します。

Photoshop CC 2014 を使用の場合は、［使用］ではなく［内容］になります。

レイヤー「レイヤー1」を緑色で塗りつぶすのは、作業するイラストを見やすくするためです。

2 表示される［カラーピッカー］ダイアログで、「C:40%　Y:40%」に設定し、［OK］ボタンをクリックします。背景が緑色で塗りつぶされます。

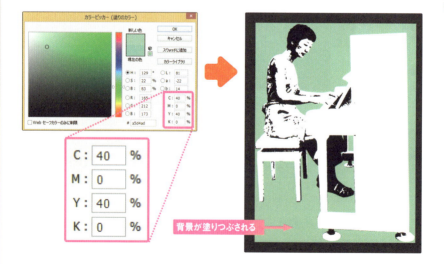

背景が塗りつぶされる

156

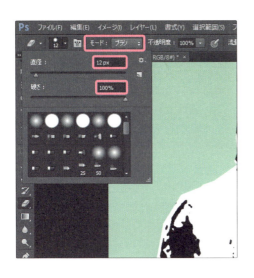

3 [レイヤー]パネルで調整レイヤー「2階調化1」を選択し、 [消しゴム]ツールを選択します。
[コントロールパネル]のブラシプリセットピッカーで、ブラシのサイズを「直径:12px、硬さ:100%」、[モード]を「ブラシ」に設定します。

Hint
ブラシプリセットピッカーは、[コントロールパネル]の をクリックして表示します。

4 不自然な輪郭や角ばっているところ、髪の毛の外側にある白い部分などを、 [消しゴム]ツールでクリックやドラッグし、少しずつ消して修正します。

Memo
作業内容に合わせて、 [ズーム]ツールなどで画面を適宜拡大表示します。

5 [ブラシ]ツールを選択し、描画色を「白」に設定します。
 [ブラシ]ツールで目、鼻、口の形を整え、続いて髪、のど元の影や洋服の影を修正します。

Memo
描画色が白黒以外の色になっている場合は、ツールパネル下部にある [描画色と背景色を初期設定に戻す]アイコンをクリックします。描画色が「黒」になっているときは、 [描画色と背景色を入れ替え]アイコンをクリックして「白」にします。

Example 5 チラシを作成する

6 ⟲[描画色と背景色を入れ替え]アイコンをクリックして描画色を「黒」にします。
[コントロールパネル]でブラシのサイズを「直径：3px、硬さ：100%」、[モード]を「通常」に設定します。
眉毛を描き足します。

Ctrl + Z キーでやり直しながら、作業するとよいでしょう。

7 全体を整えたら、画像修正の完成です。

8 作業用のレイヤー「レイヤー1」を削除します。
[レイヤー]パネルでレイヤー「レイヤー1」を選択し、🗑[レイヤーを削除]アイコンをクリックします。

写真がイラスト風になりました。ここから色を変更します。

158

Ps Step 7 写真の加工④画像に着色

1 カラーモードをCMYKに変更します。
[イメージ]メニュー→[モード]→[CMYKカラー]を選択すると、図のような警告ダイアログが表示されますが、[OK]ボタンをクリックします。

カラーモード
➡P.036

Hint
商業用印刷で使用する場合、画像のカラーモードは基本的にCMYKにしておく必要があります。

2 イラストの色を変更します。
[レイヤー]メニュー→[新規調整レイヤー]→[トーンカーブ]を選択し、表示される[新規レイヤー]ダイアログで、[OK]ボタンをクリックします。
調整レイヤー「トーンカーブ1」が作成されます。

Hint
[色調補正]パネルの[トーンカーブの調整レイヤーを新規作成]ボタンをクリックしても、同様に調整できます。

3 自動的に[属性]パネルが開き、[トーンカーブ]が表示されます。
[CMYK]をクリックし、表示されるプルダウンメニューから[シアン]を選択します。

4 グラフの青い線の右上を下方向へドラッグして、[出力]を「0」にします。

159

5 ［マゼンタ］を選択し［出力］を「50」にします。

6 同様にして、［イエロー］を選択し、［出力］を「15」、［ブラック］を選択し、［出力］を「0」に設定します。

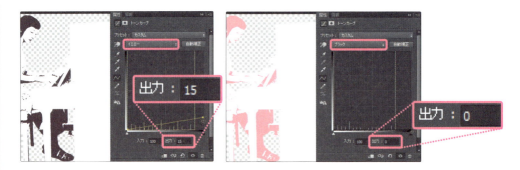

7 ファイルを保存して、イラストタッチの画像の完成です。

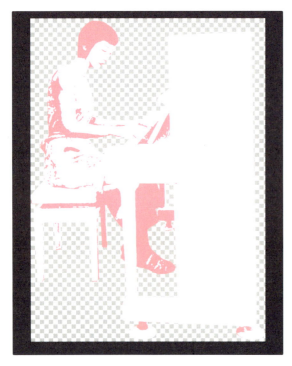

イラスト風の
ビジュアルの
完成です！

Ps Step 8 写真の加工⑤カラーモードの変更

1. チラシに使用する10点の画像のカラーモードを変更します。
[ファイル]メニュー→[開く]を選択し、表示される[開く]ダイアログで、10点の画像(「ex5_01」〜「ex5_10」)を選択して、[開く]ボタンをクリックします。
画像が10枚開かれます。

Memo
ここで使用する画像は、付録CD-ROMの「Ex05」フォルダー→「Ex05素材」フォルダー内に収録されています。あらかじめパソコンにコピーしておきましょう。

2. 「ex5_01.jpg」タブをクリックして、JPEGファイル「ex5_01」を表示します。
Step7手順①と同様にして、カラーモードをCMYKに変更します。

Caution
ウィンドウサイズなどによっては、目的の画像のタブが表示されていない場合もあります。その場合は、右端の >> をクリックして表示される一覧からクリックして選択します。

3. [ファイル]メニュー→[別名で保存]を選択します。表示される[別名で保存]ダイアログで、[ファイル形式]で「Photoshop(*.PSD,*.PDD)」を選択し、ファイル「ex5_01cmyk」をフォルダー(ここでは「チラシ」フォルダー)に保存します。
残りの「ex5_02」〜「ex5_10」の画像も同様に、カラーモードをCMYKに変更し、元のファイル名に「cmyk」を付けて別名で保存します。
Photoshopを終了します。

Memo
カラーモード変更後の画像ファイルは、付録CD-ROMの「Ex05」フォルダー→「Ex05完成」フォルダー内に収録されています。

Example 5 チラシを作成する

Ai Step 9 イラストの配置

新規レイヤーの作成
➡P.066

1 Illustratorに戻ります。
［レイヤー］パネルで、レイヤー「背景」をロックします。新規レイヤーを作成して、名前に「画像」と入力します。

レイヤーのロック
➡P.067

2 ［ファイル］メニュー→［配置］を選択します。表示される［配置］ダイアログで、Step 4〜7で作成したPhotoshopファイル「ピアニストイラスト」を選択し、［配置］ボタンをクリックします。
画像が配置されます。

Hint

Illustrator CC 2014を使用の場合は、［配置］ダイアログの［読み込みオプションを表示］にチェックマークを付けて［配置］ボタンをクリックします。

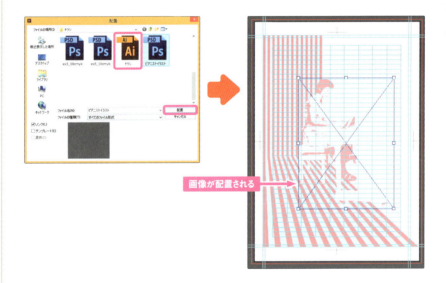

画像が配置される

3 画像が選択されていることを確認し、［拡大・縮小］ツールをダブルクリックします。表示される［拡大・縮小］ダイアログで、［縦横比を固定］に「83%」と入力し、［OK］ボタンをクリックします。
画像が83%に縮小されます。

Memo

オブジェクトの拡大・縮小は、［オブジェクト］メニュー→［変形］→［拡大・縮小］を選択してもできます。

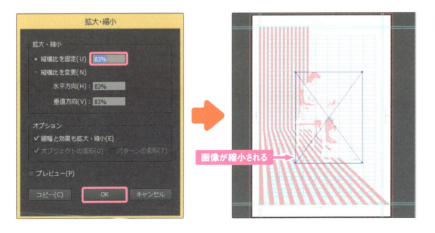

画像が縮小される

162

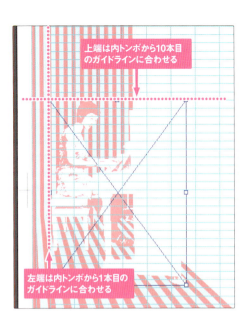

4 ガイドラインを参照し、[選択]ツールで図の位置へ移動します。
[オブジェクト]メニュー→[ロック]→[選択]を選択して、画像をロックします。

Ai Step 10 画像の配置とマスク

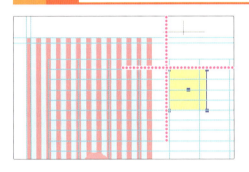

1 [長方形]ツールで任意の場所をクリックし、幅22.5mm、高さ23.7mmの長方形を作成します。
[選択]ツールで図の位置に移動します。

長方形の作成
➡P.146

作成した長方形は画像のマスク用なので、塗りと線の指定は特にありません。自分のわかりやすい塗りと線を設定してください。

2 [オブジェクト]メニュー→[変形]→[移動]を選択します。表示される[移動]ダイアログで、[水平方向]に「22.5mm」と入力して、[コピー]ボタンをクリックします。
長方形が右隣りにコピーされます。

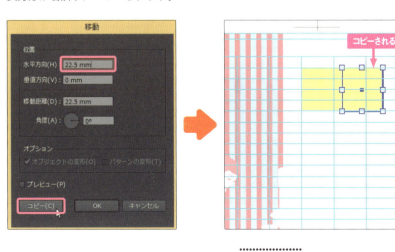

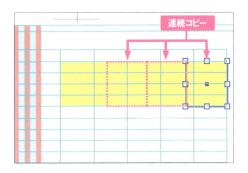

3 Ctrl + D キーを押すと、手順 2 と同様の間隔で右隣りに連続コピーされます。
さらに Ctrl + D キーを押し、連続コピーして、合計4つの長方形を作成します。

Hint

Ctrl + D キーは、[オブジェクト]メニュー→[変形]→[変形の繰り返し]のショートカットキーです。直前に行ったコピーや変形の操作を繰り返します。

4 [選択]ツールで作成した4つの長方形を選択します。
[オブジェクト]メニュー→[変形]→[移動]を選択し、表示される[移動]ダイアログで、[水平方向]に「0mm」、[垂直方向]に「23.7mm」と入力し、[コピー]ボタンをクリックします。
下方向に4つの長方形がコピーされ、合計8つの長方形が作成されます。

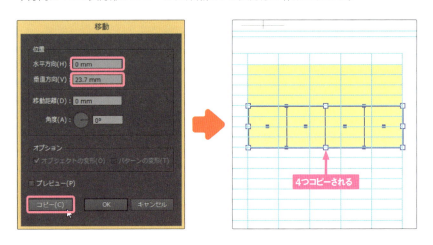

5 Shift + Ctrl + A キーですべての選択を解除します。
[ファイル]メニュー→[配置]を選択します。表示される[配置]ダイアログで、Step 8 手順 3 で保存したPhotoshopファイル「ex5_01cmyk」を選択して、[配置]ボタンをクリックします。
ドキュメントウィンドウ上に写真が配置されます。

Hint

Illustrator CC 2014を使用の場合は、[配置]ダイアログの[読み込みオプションを表示]にチェックマークを付けて[配置]ボタンをクリックします。

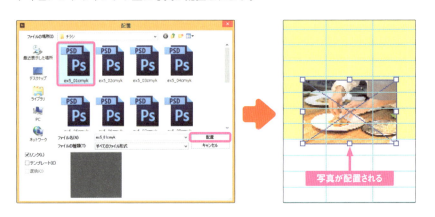

164

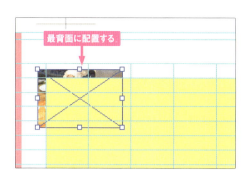

6 [選択]ツールで配置した写真を選択し、作成した左上の長方形のあたりへ移動します。
[オブジェクト]メニュー→[重ね順]→[最背面へ]で背面へ配置します。

[最背面へ]のショートカットキーは、Shift + Ctrl + [キーです。

7 写真と長方形の両方を選択し、[オブジェクト]メニュー→[クリッピングマスク]→[作成]を選択して、写真をトリミングします。

クリッピングマスク
➡P.115

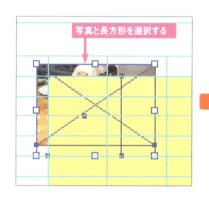
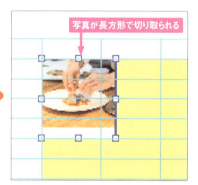

8 手順6～7と同様にして、Photoshopファイル「ex5_02cmyk」～「ex5_08cmyk」を図のように配置し、トリミングします。

9 料理が中央に表示されていない写真は、写真の表示範囲を変更します。
[ダイレクト選択]ツールで写真を選択して、見せたい範囲が表示されるように移動します。

Example 5 チラシを作成する

165

10 ■［長方形］ツールで幅24mm、高さ32mmの長方形を2つ作成します。
ガイドラインを参照して、図の位置に配置します。

Memo

ドキュメント全体が見えるように表示して作業しましょう。画面表示の移動は、[スペース]キーを押してマウスカーソルが [アイコンに変わってから、ドラッグして移動します。

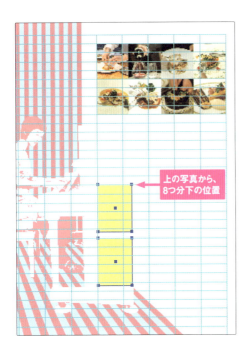

上の写真から、8つ分下の位置

11 手順⑥〜⑦と同様にして、Photoshopファイル「ex5_09cmyk」と「ex5_10cmyk」の写真を配置して、作成した長方形でマスクします。

Hint

作業が一段落ついたら、ガイドラインを非表示にして全体を確認しましょう。ガイドラインの表示／非表示のショートカットキーは、[Ctrl]＋[;]キーです。

図版や文字をグリッドに揃えると、きれいなレイアウトに見えますね。

166

Ai Step 11 文字の入力

1. ［レイヤー］パネルでレイヤー「画像」の上に新規レイヤーを作成して、名前に「文字」と入力します。
レイヤー「文字」以外をロックします。

新規レイヤーの作成
➡P.066

レイヤーのロック
➡P.067

2. メモ帳などのテキストエディタでテキストファイル「チラシテキスト」を開き、＜メインタイトル＞のテキストをコピーします。

Memo
テキストファイル「チラシテキスト」は、付録CD-ROMの「Ex05」フォルダー→「Ex05素材」フォルダー内に収録されています。あらかじめパソコンにコピーしておきましょう。

3. Illustratorに戻ります。
［文字］ツールを選択し、［文字］パネルと［段落］パネルで図のように設定します。

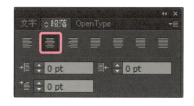

Hint
［文字］または［段落］パネルが表示されていない場合は、［ウィンドウ］メニュー→［書式］→［文字］または［段落］を選択して表示しましょう。

Hint
お使いの環境によっては、ここで使用しているフォントが表示されない場合もあります。適宜使用可能なフォントに置き換えてください。

4. ［文字］ツールで図の位置をクリックして、コピーしたテキストをペーストします。

 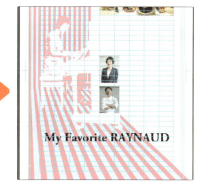

Caution
入力した文字は、ツールパネルで［文字］ツールまたは他のツールをクリックして確定します。

Example 5 チラシを作成する

5 文字が選択されていることを確認し、[カラー]パネルで[塗り]を「白」、線を「M：100%　Y：35%」に設定し、[線]パネルで[線幅]を「0.5pt」に設定します。
文字の色が変更されます。

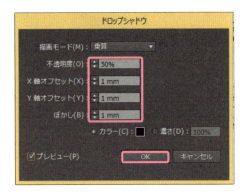

6 文字が選択されていることを確認し、[効果]メニュー→[スタイライズ]→[ドロップシャドウ]を選択します。表示される[ドロップシャドウ]ダイアログで、[不透明度]を「50%」、[X軸オフセット]を「1mm」、[Y軸オフセット]を「1mm」、[ぼかし]を「1mm」に設定し、[OK]ボタンをクリックします。

ここで施した効果は、[アピアランス]パネルで図のように表示されます。

[ドロップシャドウ]をクリックすると、[ドロップシャドウ]ダイアログが再度表示され、効果を調整することができます。

7 文字にドロップシャドウ(ぼかしの影)効果が施されます。

8 手順②〜④と同様にして、テキストファイル「チラシテキスト」から＜リード文＞のテキストをコピーし、図の位置にペーストします(文字と段落の設定は欄外)。

●文字設定▶
小塚ゴシック Pro、スタイル：B、サイズ：12pt
●段落設定▶中央揃え

⑨ 手順②〜④と同様にして、テキストファイル「チラシテキスト」から＜サブタイトル＞のテキストをコピーし、図の位置にペーストします。

●文字設定▶
小塚明朝 Pro、スタイル:B、サイズ:12pt
●段落▶中央揃え

⑩ 手順②〜④と同様にして、テキストファイル「チラシテキスト」から＜日時＞のテキストをコピーし、図の位置にペーストします。

●文字設定▶
小塚ゴシック Pro、スタイル:R、サイズ:9pt、行送り:17pt
●段落▶右揃え

⑪ 人物のキャプションは、テキストエリアを作成してテキストを流し込みます。
■[長方形]ツールで上の人物写真の右横の任意の場所をクリックします。
幅63mm、高さ31mmの長方形を作成して、図の位置に配置します。

●文字設定▶
小塚ゴシック Pro、スタイル:R、サイズ:7pt、行送り:12pt
●段落▶均等配置(最終行左揃え)

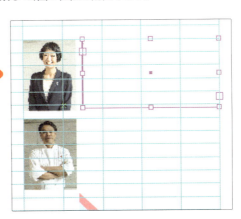

テキストエリアに変換するので、長方形の塗りと線の設定は必要ありません。

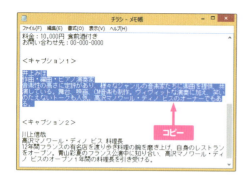

12 手順②〜④と同様にして、テキストエディタから＜キャプション1＞をコピーします。

13 [文字]ツールで長方形の左上にマウスポインタを合わせ、マウスポインタの形状が図のように変わったら、コピーしたテキストをペーストします。ツールパネルで[文字]ツールをクリックして入力を確定します。

14 同様に下の人物写真の右横に＜キャプション2＞を配置します。

Ai Step 12 ロゴの配置

Example 5 チラシを作成する

1. Example 2のStep 8 手順 3 〜 5 と同様にして、Example 1で作成したロゴを配置します。

[選択]ツールで上の仕上がり線から5mm、左の仕上がり線から5mmの位置に移動し、左右と高さを15mm程度に縮小します。

Hint

[ウィンドウ]メニュー→[変形]を選択し、[変形]パネルを表示して、位置やサイズの設定が可能です。

2. チラシの完成です。

[表示]メニュー→[ガイド]→[ガイドを隠す]でガイドを非表示にすると、仕上がりのイメージを確認できます。

Example 6 写真を補正／加工する

Photoshop ファイルを開く／明るさ・コントラスト／ファイルを保存する／ファイルを閉じる／［色調補正］パネル／カラーバランス／自然な彩度／［切り抜き］ツール／アンシャープマスク／［クイック選択］ツール／境界線を調整／レイヤーマスク／［ブラシ］ツール

ここでは、次のExample以降で使う写真を補正／加工します。
どの作業も写真を扱ううえで必須の操作です。

  Ps

 Size —

 Sample Data

「Ex06」→「Ex06完成」→ Ex06-scenery01after.psd
Ex06-scenery02after.psd
Ex06-scenery03after.psd
Ex06-scenery04after.psd
Ex06-scenery05after.psd
Ex06-cup01after.psd
Ex06-neko04after.psd

素人が撮影した写真でも、少しでも見栄えをよくしたいですよね。

172

Ps Step 1 明るさの補正

写真が暗いので、明るく補正します。

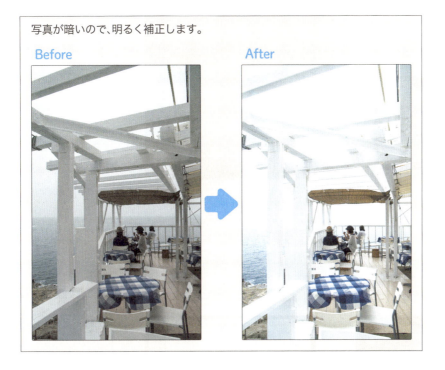

1. Photoshopを起動し、[ファイル]メニュー→[開く]を選択します。
表示される[開く]ダイアログで、「ex6-scenery01」を選択し、[開く]ボタンをクリックします。
JPEGファイル「ex6-scenery 01」が開きます。

JPEGファイル「ex6-scenery01」は、付録CD-ROMの「Ex06」フォルダー→「Ex06素材」フォルダー内に収録されています。あらかじめ付録CD-ROMから、パソコンにコピーしておきましょう。

Example 6 写真を補正／加工する

2　[色調補正]パネルで[明るさ・コントラストの調整レイヤーを新規作成]をクリックします。
[属性]パネルが展開され、[明るさ・コントラスト]が表示されます。

Memo
明るさを補正するコマンドは、[明るさ・コントラスト]のほかにも、より柔軟な補正ができる[レベル補正]や[トーンカーブ]などがあります。

3　適度な明るさになるようにドキュメント上を確認しながら、[属性]パネルの[明るさ]と[コントラスト]のスライダーをドラッグして移動、もしくは値を入力して調整を行います。ここでは、[明るさ]を「70」、[コントラスト]を「50」にします。
写真が明るく補正されます。

Hint
設定が終わったら、ドックの■をクリックして、[属性]パネルをアイコン化しておきます。

[属性]パネルがドックにアイコン化される

4　[ファイル]メニュー→[別名で保存]を選択します。表示される[別名で保存]ダイアログで、[ファイル形式]で「Photoshop（*.PSD, *.PDD）」を選択し、ファイル「ex6-scenery01after」をフォルダー（ここでは「EX-6」フォルダー）に保存します。

Memo
ファイルが増えてしまう前に、あらかじめ新規フォルダーを作成しておき、制作物ごとなどに保存するとよいでしょう。ここでは、「ドキュメント」フォルダー内に「EX-6」フォルダーを作成しています。

5 [Photoshop 形式オプション]ダイアログが表示されるので、[OK]ボタンをクリックします。

IllustratorやInDesignにPhotoshopファイルを配置し、PDF形式で書き出したものを印刷する際には、[互換性を優先]のチェックを外したほうがよいでしょう。
チェックを外さずに保存した場合、透過部分のあるレイヤーのエッジに意図しないスミ色がのる場合があります。

6 [ファイル]メニュー→[閉じる]を選択してファイルを閉じます。

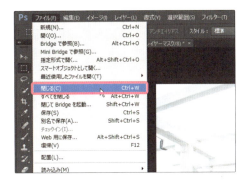

作業中は Ctrl + S キーを押して、こまめに保存するようにしましょう。

色調補正

色調補正とは、ピクセルごとにある色情報を変更し、画像を補正することです。
[色調補正]パネルには、画像の色調（色味や明暗）を補正するツールがまとめられています。数多くのツールがありますが、どのツールも色情報を今あるものから違うものに変更するためのものです。

●調整レイヤー

[色調補正]パネルのツールは、調整レイヤー（レイヤーについてはP.192参照）と呼ばれる機能を使って画像を補正します。
手順②で[明るさ・コントラスト]をクリックすると、[属性]パネルが展開されるのと同時に、[レイヤー]パネルには自動的に調整レイヤー「明るさ・コントラスト 1」が作成されています（図）。
調整レイヤーを使った補正では、補正された色情報は調整レイヤーに記録されます。この補正情報は、後からでも編集できるため、補正の修正や取り消しを行う際に大変便利です。
また、1つの画像に対して複数の調整レイヤーを作成すること

もでき、様々な補正が行えます。
調整レイヤーの補正情報を修正するには、[レイヤー]パネルで修正したい調整レイヤーを選択し、[属性]パネルで設定します。

この他に[イメージ]メニュー→[色調補正]から補正機能を呼び出すこともできます。
[イメージ]メニューから選択できる機能は、調整レイヤーを使わずに補正した情報を画像に直接上書きしていきます。そのため、補正を繰り返すと画像が荒れたり、後からその補正だけを取り消すことが困難であったりと、多くの制約がありますが、[色調補正]パネルにはない機能もあるので、覚えておくとよいでしょう。

●補正情報の取り扱い

補正情報（調整レイヤーなど）を保持したまま画像を保存するには、Photoshop形式での保存が必須となります。
また、編集時と同じ完全な状態でデータを開くには、同じバージョンのPhotoshopが必要です。
そのため、使用目的に合わせてレイヤーを統合して補正情報を確定させたり、JPEG形式で書き出すなどの作業が必要な場合があります。

Ps Step 2 色の補正

写真を撮った際に、環境光により特定の色味に偏ってしまうことを「色かぶり」と呼びます。ここでは、色かぶりしてしまった写真を、自分の見た色＝記憶色に近づけるための補正を行います。

Before

After

① ここではまず赤かぶりを補正します。
Step❶ 手順①と同様にして、JPEGファイル「ex6-scenery02」を開きます。

Hint
JPEGファイル「ex6-scenery02」は、付録CD-ROMの「Ex06」フォルダー→「Ex06素材」フォルダー内に収録されています。あらかじめ付録CD-ROMから、パソコンにコピーしておきましょう。

② [色調補正]パネルで [カラーバランスの調整レイヤーを新規作成]をクリックします。
[属性]パネルが展開され、[カラーバランス]が表示されます。

176

3 ドキュメント上を確認しながら、[属性]パネルの[シアン―レッド][マゼンタ―グリーン][イエロー―ブルー]のスライダーをドラッグして移動、もしくは値を入力して調整を行います。ここでは、[輝度を保持]のチェックを外してから[シアン―レッド]を「-10」、[マゼンタ―グリーン]を「+15」、[イエロー―ブルー]を「-80」にします。色味が補正されます。

Step 1 手順 6 と同様にして、ファイル名を「ex6-scenery02after」として別名保存し、ファイルを閉じます。

[輝度を保持]にチェックが入っていると、画像の明暗を維持するために、変更した色のスライダー以外の色も、色調が自動的に変更されます。ここでは色の関係を覚えるため、あえて外して作業しました。慣れてきたら、好みでチェックを入れたり外したりしてみてください。

設定が終わったら、ドックの ■ をクリックして、[属性]パネルをアイコン化しておきます。

[カラーバランス]で補正を行う際のポイント

[カラーバランス]は、光の3原色である「R（レッド）」「G（グリーン）」「B（ブルー）」それぞれのバランスを調整することで、色味を補正する機能です。それぞれのスライダーのマイナス側には、補色関係にある「C（シアン）」「M（マゼンタ）」「Y（イエロー）」が表示されています。
赤みがかった写真を補正したい場合は、スライダーにあるとおり、レッドのスライダーをマイナス（シアン）方向にスライドさせるか、グリーンと、ブルーのスライダーをプラス方向にスライドします。
逆に緑がかった写真の場合は、グリーンのスライダーをマイナス（マゼンタ）方向にスライドさせるか、レッドとブルーのスライダーをプラス方向へスライドさせます。
[輝度を保持]のチェックを外した場合は、スライダーをプラス方向へスライドさせると、その色（右側のレッド、グリーン、ブルー）は明るくなり、マイナス方向へスライドさせると、暗くなります。
また、[階調]のプルダウンメニューから「シャドウ」「中間調」「ハイライト」を選択することで、画像のどの色調を主に調整するかを選ぶことができます。通常は「中間調」での補正で十分ですが、「シャドウ」と「ハイライト」も個別に調整することにより、画像の暗い部分は青っぽく、明るい部分は赤っぽくといったように、より細かな補正ができます。

Ps Step 3 彩度の補正

夕焼けが実際よりもくすんで地味に感じるので、見た時の印象に近づけるために、より鮮やかに補正します。

Before　　　　　　　After

Hint

1. Step1 手順1と同様にして、JPEGファイル「ex6-scenery03」を開きます。

JPEGファイル「ex6-scenery03」は、付録CD-ROMの「Ex06」フォルダー →「Ex06素材」フォルダー内に収録されています。あらかじめ付録CD-ROMから、パソコンにコピーしておきましょう。

2. ［色調補正］パネルで ▼［自然な彩度の調整レイヤーを新規作成］をクリックします。

3 適度な鮮やかさになるように写真を確認しながら、[属性]パネルの[自然な彩度]のスライダーをドラッグして移動、もしくは値を入力して調整を行います。ここでは、[自然な彩度]を「+85」に、[彩度]を「+30」にします。写真が鮮やかに補正されます。

Step❶ 手順❻と同様にして、ファイル名を「ex6-scenery03after」として別名保存し、ファイルを閉じます。

設定が終わったら、ドックのをクリックして、[属性]パネルをアイコン化しておきます。

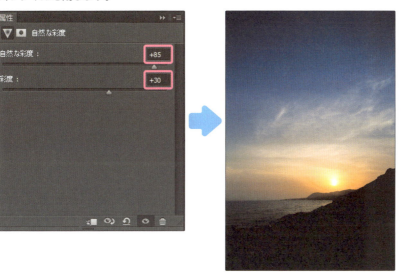

[自然な彩度]と[彩度]の違い

彩度の補正には、主に[自然な彩度]と[彩度]の2つがあります。

[自然な彩度]でスライダーをプラス方向に動かした場合、彩度の低い色には強く、彩度の高い色には弱く効果が適用されます。逆にスライダーをマイナス方向に動かした場合、彩度の高い色には強く、彩度の低い色には弱く適用されます。

これに対して[彩度]は、元の彩度に関係なく、すべての色にスライダーの調整が適用されます。

元画像

[自然な彩度]で+100で補正

[彩度]で+100で補正

Ps Step 4 傾きの補正

写真の傾きが気になるので、水平に補正します。

Before

After

1. Step 1 手順 1 と同様にして、JPEGファイル「ex6-scenery04」を開きます。

Hint

JPEGファイル「ex6-scenery04」は、付録CD-ROMの「Ex06」フォルダー→「Ex06素材」フォルダー内に収録されています。あらかじめ付録CD-ROMから、パソコンにコピーしておきましょう。

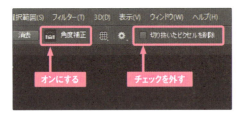

2. [切り抜き]ツールを選択します。
[オプションバー]で[角度補正]をクリックしてオンにし、[切り抜いたピクセルを削除]のチェックを外します。

3. マウスポインタが の形状になるので、図のように画面上で水平(または垂直)にしたい場所をドラッグします。

4 マウスボタンを離すと、ドラッグしたラインに合わせて写真の角度が補正されます。

余白が出ないように、回転に合わせて自動的に画像が拡大されるため、画像の表示範囲が狭くなります。

設定が終わったら、ドックの をクリックして、[属性]パネルをアイコン化しておきます。

5 ［オプションバー］の ◯ [確定]ボタンをクリックすると、画像の周囲の余白部分がトリミングされ、傾きが修正されます。

Step 1 手順 6 と同様にして、ファイル名を「ex6-scenery04after」として別名保存し、ファイルを閉じます。

［切り抜いたピクセルを削除］のチェックを外す

［切り抜き］ツールは、切り抜く範囲外の画像を削除して、画像サイズを変更する機能ですが、手順 2 で［切り抜いたピクセルを削除］のチェックを外すと、範囲外の画像を削除せずに切り抜くことができます。

この機能により、切り抜き範囲を確定したあとでも、何度でも範囲を変更できるようになります。

方法は、 ［切り抜き］ツールを選択した状態で、すでに切り抜かれているドキュメント上をクリックします。

切り抜き範囲が表示されるので、枠をドラッグして切り抜き範囲を変更し、◯ [確定]ボタンをクリックすれば、再度切り抜くことができます。

この操作が可能なのは、［切り抜いたピクセルを削除］のチェックを外して切り抜きした画像に限ります。

Ps Step 5 「ねむい」写真の補正

全体的にぼけていたり、色が浅い印象を受ける写真を「ねむい」と表現します。
このような写真をシャープ(鮮明)でメリハリのある画像に補正します。

[1] Step 1 手順 ① と同様にして、JPEGファイル「ex6-scenery05」を開きます。

Hint

JPEGファイル「ex6-scenery05」は、付録CD-ROMの「Ex06」フォルダー→「Ex06素材」フォルダー内に収録されています。あらかじめ付録CD-ROMから、パソコンにコピーしておきましょう。

[2] [フィルター]メニュー→[シャープ]→[アンシャープマスク]を選択します。
表示される[アンシャープマスク]ダイアログで、プレビューで写真を確認しながら、[量][半径]のスライダーをドラッグして移動、もしくは値を入力して調整を行います。ここでは、[量]を「200」%、[半径]を「1.0」pixelにします。
[OK]ボタンをクリックすると、写真がくっきりと鮮明になります。

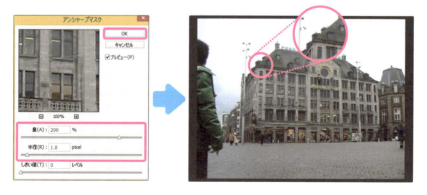

3　[アンシャープマスク]でエッジのコントラストは上がりましたが、全体のコントラストはまだ弱いので、さらに補正します。
[色調補正]パネルで ☀ [明るさ・コントラストの調整レイヤーを新規作成]をクリックします。

Hint

設定が終わったら、ドックの ◨ をクリックして、[属性]パネルをアイコン化しておきます。

4　適度なコントラストになるように写真を確認しながら、[属性]パネルの[コントラスト]のスライダーをドラッグして移動、もしくは値を入力して調整を行います。ここでは、[コントラスト]を「35」にします。写真にメリハリがつきます。
Step1 手順⑥と同様にして、ファイル名を「ex6-scenery05after」として別名保存し、ファイルを閉じます。

「アンシャープマスク」機能

アンシャープマスクは、画像上にある「境界」の明暗差を強調することで、画像をシャープに見せることができる機能です。画像上の境界は、周囲のピクセルとは異なるピクセルを割り出すことで決められます。
右下の図(適用後)は、わかりやすいようにアンシャープマスクをわざと強くかけた例です。このように、隣接するピクセルで、明るいピクセルはより明るく、暗いピクセルはより暗くなります。
シャープネス機能は、境界の縁に白っぽい線が出てしまうことがあり、これを「ハロー効果」と呼びます。ハロー効果がでている場合はシャープネスを強くかけすぎているので、弱めましょう。
アンシャープマスクは、「量」「半径」「しきい値」の3つで設定します。それぞれの設定値は、最終的な用途、画像の出力方法で変わってくるので、用途と見栄えを考慮して適用します。

量：境界と周辺にあるピクセルの明暗差を指定します。
半径：境界からどの範囲までのピクセルにアンシャープマスクを適用するかを指定します。
しきい値：「半径」で指定した範囲内のピクセルに対して、さらに、境界との明暗差を考慮してアンシャープマスクを適用するかどうかを指定します。

適用前　　　　　　　適用後

Ps Step 6 写真の切り抜き

写真のコーヒーカップとソーサー、スプーンの部分のみを切り抜きます。Example 5のStep4でも写真の切り抜き方法を説明しましたが、ここではある程度、自動的に選択範囲を作成できるツールを解説します。

Before

After

1. Step1手順1と同様にして、JPEGファイル「ex6-cup01」を開きます。

Hint
JPEGファイル「ex6-cup01」は、付録CD-ROMの「Ex06」フォルダー→「Ex06素材」フォルダー内に収録されています。あらかじめ付録CD-ROMから、パソコンにコピーしておきましょう。

範囲選択は一度にはできないので、手順3を何回か繰り返して行います。

184

ブラシプリセットピッカー

2 ［クイック選択］ツールを選択します。
［オプションバー］で ［選択範囲に追加］が選択されていることを確認して、 をクリックします。
表示されるブラシプリセットピッカーで、［直径］を「50px」、［硬さ］を「100％」、［間隔］を「25％」に設定します。

3 コーヒーカップの内側をドラッグします。ドラッグした箇所の近似色が自動的に選択されていきます。

後の手順で修正できるので、はみ出しても気にせず作業を進めましょう。

4 カップ、ソーサー、スプーンと同じようにすべて選択します。

5 次に、余分に選択されている部分を削除します。
［オプションバー］で ［現在の選択範囲から一部削除］ボタンをクリックします。

Example 6 写真を補正／加工する

185

6 余分に選択されている範囲をクリックまたはドラッグすると、選択範囲から除外されます。

作業内容に合わせて、画面は適宜拡大表示します。

7 取っ手の中などの細かな部分の選択範囲を整えます。
［オプションバー］で [現在の選択範囲から一部削除]が選択されていることを確認し、選択範囲から削除したい部分をクリックします。

作業画面が拡大表示された状態で表示位置を移動するには、 [手のひら]ツールを選択し、画面上をドラッグします。

8 [選択範囲に追加]に切り替えます。くり抜きたい部分のみが選択範囲から除外されるように、クリックで選択部分を追加していきます。

このとき、黒い部分（くり抜く背景部分）にブラシのカーソルがかからないように注意しましょう。
黒い部分を選択してしまった場合は、もう一度手順7のようにして、黒い部分を選択範囲から削除します。

9 手順③〜⑥を繰り返して微調整し、コーヒーカップとソーサー、スプーンの選択範囲を作成します。
[クイック選択]ツールで作成された選択範囲を、きれいに切り抜けるように整えます。
[オプションバー]で[境界線を調整]ボタンをクリックします。

作業画面を縮小して表示する場合は、[ズーム]ツールを選択した状態で、[コントロールパネル]で[ズームアウト]ボタンをクリックし、画面をクリックします。

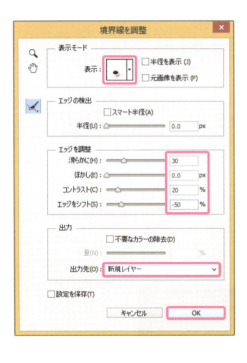

10 表示される[境界線を調整]ダイアログボックスで、[表示モード]で「白地」を選択します。
画像の背景が白色になったら、切り抜いた画像のエッジ(境界部分)がきれいになるように写真を確認しながら、[エッジを調整]の[滑らかに][ぼかし][コントラスト][エッジをシフト]のスライダーをドラッグして移動、もしくは値を入力して調整を行います。
ここでは、[滑らかに]を「30」、[ぼかし]を「0.0」px、[コントラスト]を「20」%、[エッジをシフト]を「-50」%に設定します。
また、[出力先]から「新規レイヤー」を選択します。

境界線をきれいに調整するために、目的に合わせて、[表示モード]を変更するとよいでしょう。
今回は、カップの縁に背景の色が残っていたため、白地を選択しています。

11 [OK]ボタンをクリックすると、レイヤー「背景のコピー」が作成され、画像が切り抜かれます。
Step1 手順⑥と同様にして、ファイル名を「ex6-cup01after」として別名保存し、ファイルを閉じます。

カップの背景に表示されている白とグレーの市松模様はPhotoshop上での透明を表す模様です。詳しくはP.192のコラム「レイヤー」を参照してください。

Ps Step 7 レイヤーマスクを使った一部分の補正

背景が明るく、やや白とび気味なので、背景部分のみ暗く補正します。

1　Step1 手順1と同様にして、JPEGファイル「ex6-neko04」を開きます。

Hint

JPEGファイル「ex6-neko04」は、付録CD-ROMの「Ex06」フォルダー→「Ex06素材」フォルダー内に収録されています。あらかじめ付録CD-ROMから、パソコンにコピーしておきましょう。

2　[色調補正]パネルで [明るさ・コントラストの調整レイヤーを新規作成]をクリックします。
[属性]パネルが展開され、[明るさ・コントラスト]が表示されます。

3 背景が適度な明るさになるように写真を確認しながら、[属性]パネルの[明るさ]のスライダーをドラッグして移動、もしくは値を入力して調整を行います。ここでは、[明るさ]を「-50」にします。

Hint

設定が終わったら、ドックの アイコンをクリックして、[属性]パネルをアイコン化しておきます。

Example **6** 写真を補正／加工する

4 背景は適度な明るさになりましたが、猫の部分は暗くなりすぎてしまいました。そこで「レイヤーマスク」機能を使って、猫の部分のみ[明るさ・コントラスト]が適用されないようにします。
[ブラシ]ツールを選択し、[オプションバー]で をクリックします。表示されるブラシプリセットピッカーで、[直径]を「100px」、[硬さ]を「0%」に設定します。

レイヤーマスク
→P.193

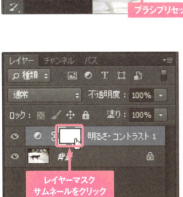

5 レイヤーマスクに対して編集作業を行います。
[レイヤー]パネルで調整レイヤー「明るさ・コントラスト1」のレイヤーマスクサムネールをクリックして選択します。

調整レイヤー
→P.175

レイヤーマスクは、高度な画像補正を行うには必須の機能です。

189

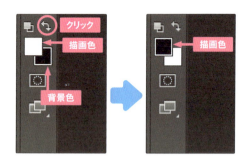
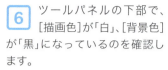

6 ツールパネルの下部で、[描画色]が「白」、[背景色]が「黒」になっているのを確認します。
[描画色と背景色を入れ替え]をクリックし、[描画色]を「黒」にします。

Caution

[描画色]と[背景色]が別の色になっている場合は、[描画色と背景色を初期設定に戻す]をクリックして、初期設定の色に戻します。
また、レイヤーマスク選択時と、未選択時では、初期設定の色が異なるので注意が必要です。

7 猫の部分をドラッグして、黒色で[レイヤーマスクサムネール]に描画します。
黒色で描画された箇所がマスクされ、調整レイヤー「明るさ・コントラスト1」の効果が部分的に非表示になります。

Hint

レイヤーマスクはいつでも修正できるので、気兼ねなく作業しましょう。

8 このままでは、レイヤーマスクに描画した箇所がわかりにくいので、レイヤーマスクを簡易的に表示させます。
[ウィンドウ]メニュー→[チャンネル]を選択します。表示される[チャンネル]パネルで、「明るさ・コントラスト1マスク」の[チャンネルの表示/非表示]ボタンをクリックして、◉にします。

 レイヤーマスク
チャンネル
→P.193

Memo

レイヤーマスクの表示機能は簡易的なプレビュー機能なので、作業時にのみ表示され、最終的には必ず非表示になります。
詳しくはP.193のコラム「レイヤーマスク」を参照してください。

9 調整レイヤー「明るさ・コントラスト1」のレイヤーマスクチャンネル「明るさ・コントラスト1マスク」が表示状態になります。
その結果、レイヤーマスクに黒色で描画した箇所が、半透明の赤色で表示されます。

10 そのまま猫の部分全体をドラッグして、大まかに塗りつぶします。

Memo

レイヤーマスクの編集を最初からやり直したい場合は、[レイヤーマスクサムネール]が選択された状態で、[編集]メニュー→[塗りつぶし]を選択し、[使用]で「ホワイト」を選択して、[OK]ボタンをクリックします。

11 [描画色と背景色を入れ替え]をクリックして、[描画色]を「白」に変更します。猫からはみ出している部分をドラッグして、マスク範囲を修正します。

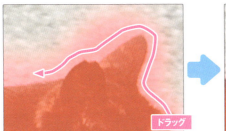 

12 手順 6〜11 を繰り返して、マスク範囲を完成させます。

13 [ウィンドウ]メニュー→[レイヤー]を選択して、[レイヤー]パネルを表示します。[レイヤー]パネルが表示されたら、[選択範囲]メニュー→[レイヤーの選択を解除]を選択します。

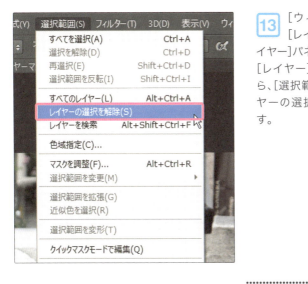

14 レイヤーの選択が解除され、明るさ・コントラスト1マスクチャンネルも自動的に非表示に切り替わります。猫の部分は元画像の明るさが保たれ、それ以外の部分が暗く補正されているのがわかります。

Step 1 手順 6 と同様にして、ファイル名を「ex6-neko04after」として別名保存し、ファイルを閉じます。

 レイヤー

レイヤーとは「階層」や「重なり合わせ」を意味する言葉です。レイヤー機能を使うことにより、複数のオブジェクトを重ね合わせながら、1つの画像として合成できます。レイヤー機能を使って合成した画像は、レイヤーごとに編集したり、画像上に編集可能な文字を入力することができます。
レイヤー上の何もない部分（透明な部分）はPhotoshop上では白とグレーの市松模様で表示され、下にレイヤー（不透明なオブジェクト）がある場合は透けて下のレイヤーが表示されます。
また、画像ファイルを開くと、画像は「背景レイヤー」として開かれます。背景レイヤーは、操作に制限がかけられている特別なレイヤーです。背景レイヤーを操作するには、[レイヤー]メニュー→[新規]→[背景からレイヤーへ]を選択して、通常のレイヤーに変換します。

● [レイヤー]パネルの機能
レイヤーの操作は[レイヤー]パネルで行います。主に次のような操作が行えます。

❶ 描画モード：重なるレイヤーの描画方法を複数選択できます。
❷ 不透明度：レイヤーごとの不透明度を変更できます。
❸ レイヤー名：名前部分をダブルクリックすることで、レイヤー名を変更できます。
❹ レイヤーの表示／非表示：非表示にされたレイヤーは、ドキュメント上では存在しないように扱われます。
❺ レイヤーのロック：ロックされたレイヤーは、ロックの種類により、操作が制限されます。

その他、レイヤーをドラッグすることで、レイヤーの重なり順を変更できます。

192

レイヤーマスク

レイヤーにはそれぞれ、レイヤーマスクを作成することができます。レイヤーマスクを使用することで、レイヤーの不透明度をピクセルごとに細かく設定できます。
レイヤーマスクは再編集ができ、画像データに直接影響を与えないため、レイヤーの不透明度を調節するのに大変便利です。

●レイヤーマスクチャンネル

レイヤーマスクは、[レイヤー]パネルでレイヤーマスクサムネールを選択して編集しますが、実態はレイヤーマスクを適用したレイヤーの「チャンネル」と呼ばれる場所に格納されています。
レイヤーマスクチャンネルは通常は非表示で、描画後の結果のみがドキュメントに表示されています。しかし、細かくレイヤーマスクを編集したい場合には、非表示のままでは非常に不便です。
そこで、このExampleのStep 7 手順⑧の要領で、[チャンネル]パネルを表示し、レイヤーマスクのチャンネルを表示させます。これにより、マスクがオーバーレイ表示されます（初期設定では「赤色の不透明度50%」）。
この色の設定は、レイヤーマスクのチャンネルをダブルクリックして表示される[レイヤーマスク表示オプション]ダイアログで変更できます。

クリックして目のアイコンを表示させると、レイヤーマスクのチャンネルが表示される

●レイヤーマスクで不透明度を設定する

不透明度の設定は、グレースケールの描画で行います。白色で描画されている箇所は不透明度「100%」、黒色で描画されている箇所は不透明度「0%」、50%のグレーで描画されている箇所は不透明度「50%」で表示されます。
このExampleのStep 7 では、色調補正のデータが格納された調整レイヤー「明るさ・コントラスト1」のレイヤーマスクを編集することで、部分的に色調補正を調節しました。その他、通常のレイヤーにレイヤーマスクを適用することで、画像の合成などにも活用できます。
下図は、写真のレイヤーにレイヤーマスクを適用し、レイヤーマスクに円形のグラデーションを描画した例です。描画に合わせて、写真のレイヤーの不透明度が変化しているのがわかります。

元画像

レイヤーマスク

レイヤーマスクが適用された状態

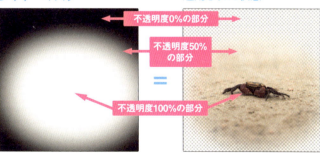

不透明度0%の部分

不透明度50%の部分

不透明度100%の部分

●レイヤーマスクを適用する

レイヤーマスクを適用したいレイヤーを選択し、[レイヤー]メニュー→[レイヤーマスク]→[すべての領域を表示]を選択します。全面黒で描画されたレイヤーマスクを適用したい場合は、[すべての領域を隠す]を選択します。あるいは、選択範囲からも作成できます。

Example 7

小冊子を作成する

InDesign 新規ドキュメントの作成（レイアウトグリッド）／マスターページの作成／［レイアウトグリッド］と［マージン・段組］／［ページ］パネル／フレームグリッドとプレーンテキストフレーム／ノンブルの設定／マスターページの追加／スウォッチ登録／ドキュメントページの追加／ドキュメントページをマスターページとして登録／テキストの流し込み／レイヤーの活用／写真や画像の配置／段落スタイルの適用／テキストの回り込み／効果の設定／タブ設定

Photoshop アクションの作成

複数ページによって構成される、いわゆる「ページもの」の作成手順を学びましょう。ここではドキュメント作成方法に「レイアウトグリッド」を選択します。

Apprication

Data Size　182mm × 257mm（B5）数十ページ

Sample Data　「Ex07」→「Ex07完成」→「bisZINE.indd」

Grid
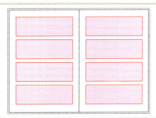

「とあるレストランが季節ごとに発行する無料配布の小冊子」という設定の作例です。

iD Step 1 マスターページの作成

1 この作例では、まずB5判縦サイズ、縦組(4段組)のマスターページ(下段コラム参照)を作成します。
見やすいレイアウトになるよう適切なマージン(余白)を設けます(P.197コラム参照)。

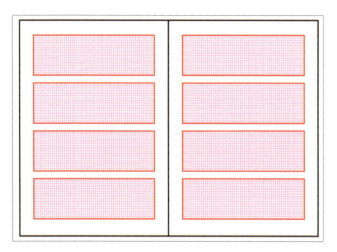

「マスターページ」とは

マスターページとは、ページの基本的な枠組みを設定するページです。マスターページに、全ページに共通の要素、例えば版面(P.197コラム参照)やノンブル(ページ番号)、柱(書名や章・項目の題名)などを配置することで、いちいちページごとにレイアウトを行う必要がなくなります。

マスターページの要素に変更を加えると、各ページに反映されるので効率的です。また、マスターページにノンブルを配置することで、各ページごとに自動的にノンブルが振られるのも特徴的な機能です。

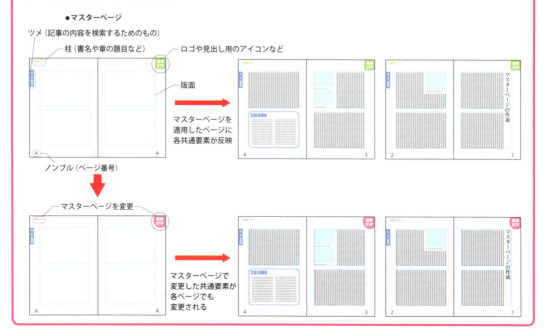

Example 7 小冊子を作成する

195

2 レイアウトのイメージがまとまったら、それを基に、簡単なラフレイアウトを作成します。

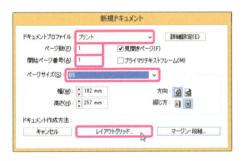

3 InDesignを起動します。［ファイル］メニュー→［新規］→［ドキュメント］を選択します。表示される［新規ドキュメント］ダイアログで各種設定を行います。
ここでは、［ドキュメントプロファイル］は「プリント」を選択、［ページ数］と［開始ページ番号］に「1」と入力、［見開きページ］にチェックを入れ、［ページサイズ］は「B5」、［方向］は「縦置き」、［綴じ方］は「右綴じ」に設定します。
［レイアウトグリッド］ボタンをクリックします。

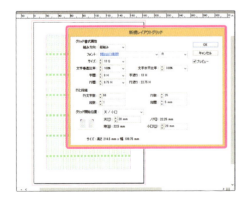

4 ［新規レイアウトグリッド］ダイアログと同時に、新規ドキュメントが表示されます。新規ドキュメントには、レイアウトグリッド（薄い緑色のマス目）が表示されます。

196

「マージン」「版面」「段組」とは

ページの上下左右の余白を「マージン」、本文や図版などの要素を配置する領域を「版面」(はんづら・はんめん)と呼びます。
マージンには、ノンブル(ページ番号)、柱(書名や章・項目の題名)などの要素をレイアウトします。
また、文字量が多い本文を読みやすくするため、列を分けて版面にレイアウトした状態を「段組」と呼びます。

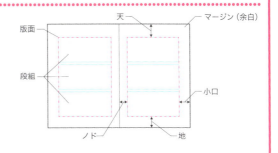

「レイアウトグリッド」と「マージン・段組」

新規ドキュメントを作成する際には、「レイアウトグリッド」と「マージン・段組」のいずれかを選択します。
左ページで選択したレイアウトグリッドは、まず「1行あたり○文字、1段あたり○行」という文字組を決めて、マージンと版面を割り出す方法です。
マージン・段組は、まず上下左右のマージンと段組を決めて、版面を割り出す方法です(図)。
一般的に、きっちりと本文の文字組などが決まっている書籍や雑誌はレイアウトグリッドが、ビジュアルが多いチラシやポスター、表紙など自由度が高い制作物はマージン・段組が適しているといわれています。

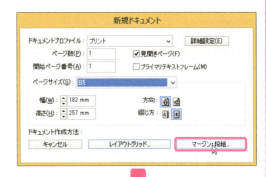

[新規ドキュメント]ダイアログで[マージン・段組]を選択すると、[新規マージン・段組]ダイアログと、マージンガイドが表示された新規ドキュメントが表示されます。

197

5 [新規レイアウトグリッド]ダイアログで、本文に使用するフォント、その種類やサイズ、段組数、行数、マージンなど、ページの基本となるレイアウトグリッドを設定します。ここでは図のように設定して、[OK]ボタンをクリックします。作成された新規ドキュメントが、4段組のレイアウトグリッドになります。

> レイアウトグリッドの設定は、[レイアウト]メニュー→[レイアウトグリッド設定]で表示される[レイアウトグリッド設定]ダイアログで、いつでも変更できます。

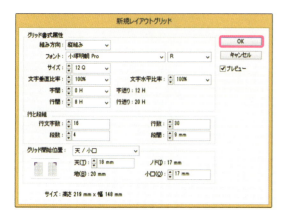

 [レイアウトグリッド設定]ダイアログ

[レイアウトグリッド設定]ダイアログでは、ページの基本となる項目を設定します。

❶ **組み方向**：縦組みまたは横組みを指定
❷ **フォント・サイズ**：フォントファミリとスタイル、サイズを指定
❸ **文字垂直比率・文字水平比率**：文字の縦横の比率を設定します。例えば[文字垂直比率]に「120%」と入力すると、縦が120%拡大された長体の文字になります。
❹ **字間**：文字列の文字と文字の間の空き具合を設定します。字送りとは、文字と空きを足した数値です。
❺ **行間**：行（文字列）と行（文字列）の間の空き具合を設定します。行送りとは、文字と空きを足した数値です。
❻ **行と段組**：1ページの文字数、行数等を指定します。

❼ **グリッド開始位置**：レイアウトグリッドの開始位置を設定します。開始位置に設定した側の数値を入力すると、自動的に反対側の数値が変わります（下図）。

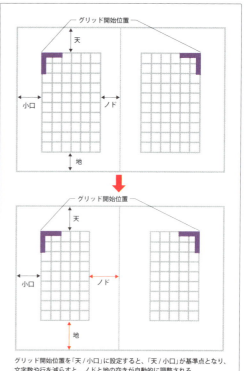

グリッド開始位置を「天／小口」に設定すると、「天／小口」が基準点となり、文字数や行を減らすと、ノドと地の空きが自動的に調整される

6 画面右の [ページ]アイコンをクリックして、[ページ]パネルを表示します。
[ページ]パネルのマスターページ「なし」を1ページの左側にドラッグして、ページを追加します。
「1」の後ろに2ページ追加されます。

この2ページ分は目次になります。P.243参照。

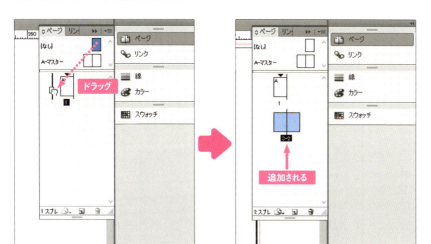

[ページ]パネル

[ページ]パネルの区切り線から上部分がマスターページ、下部分が実際に作成するドキュメントページです。
[ページ]パネルのアイコンか、名前の部分をダブルクリックすると、該当するマスターページまたはドキュメントページがドキュメントウィンドウに表示されます。
また、マスターページをクリックして選択し、そのままドキュメントページへドラッグすると、新たにドキュメントページが追加されます。
ページを削除するには、ページを選択し、[ページ]パネルの下部にある をクリックします。

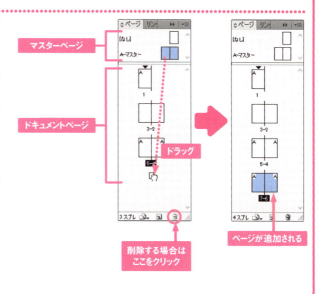

7 マスターページを表示します。

［ページ］パネルの「A-マスター」をダブルクリックして、ドキュメントウィンドウにマスターページ「A-マスター」を表示します。

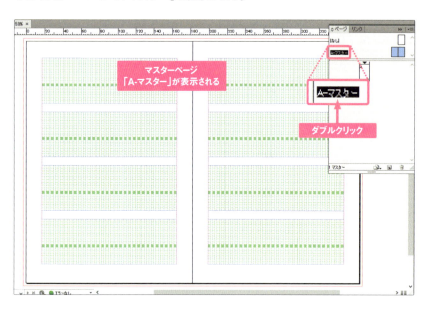

［レイアウト］メニュー→［ページへ移動］を選択し、表示される［ページへ移動］ダイアログで「A-マスター」を選択しても表示できます。

8 ページの内容を示す「柱」を設定します。

T．［横組み文字］ツールを選択し、［コントロールパネル］で「小塚明朝 Pro、スタイル：R、サイズ：13Q、カーニング：メトリクス」に設定します。

ページの左上あたりにプレーンテキストフレーム（次ページコラム参照）を作成し、文字【セクション】を入力します。

作例では、図の囲み部分が「柱」になります。

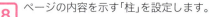

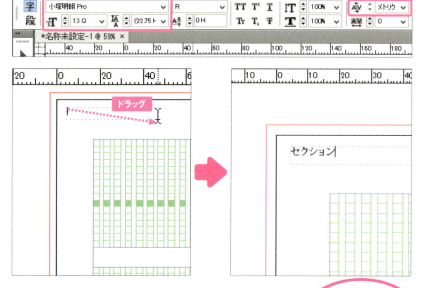

お使いの環境によっては、ここで使用しているフォントが表示されない場合もあります。適宜使用可能なフォントに置き換えてください。

複数ページの制作物の場合は、まずマスターページの設定が必須ですね。

フレームグリッドとプレーンテキストフレーム

InDesignのテキストは、「テキストフレーム」と呼ばれるコンテナ(領域)に入力します。また、テキストフレームには、「プレーンテキストフレーム」と「フレームグリッド」の2種類があります。

プレーンテキストフレームは、単なるテキストの入れ物で、書式属性(書体、サイズ、字間、行送りなど)は含まれていません。そのため、フレーム内に異なる書体やサイズ、行送りが混在する場合に有効です。

フレームグリッドは、フレーム自体が書式属性を持っており、原稿用紙のようなマス目(グリッド)が表示されます。書式が決まっている本文などにはこちらを利用するのがよいでしょう。

両者の違いは、テキストエディタなどから文字をコピーして、それぞれのフレームにペーストしてみるとわかります(図)。

コピー元

プレーンテキストフレーム
コピー元のテキストが元の書式のままペーストされる。

フレームグリッド
自動的に書式属性(書体、サイズ、字間、行送りなど)が適用されてペーストされる。

●プレーンテキストフレームでの入力

文字ツールをドラッグして作成します。文字ツールには、[T.][横組み文字]ツールと[IT.][縦組み文字]ツールがあります。

文字ツールでフレーム内をクリックして、文字を入力します。

●フレームグリッドでの入力

グリッドツールをドラッグして作成します。グリッドツールには、[横組みグリッド]ツールと[縦組みグリッド]ツールがあります。

文字ツールでフレーム内をクリックして、文字を入力します。

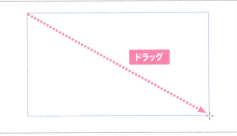

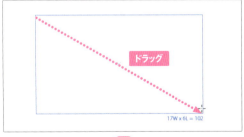

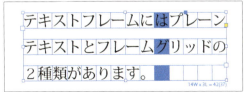

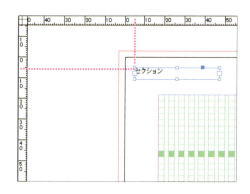

9 [選択]ツールでテキストフレームを選択します。
[コントロールパネル]で基準点が左上にあることを確認し、[X]に「5mm」、[Y]に「5mm」と入力します。
柱のテキストフレームが移動します。

Hint

「基準点」は拡大／縮小や位置の基準となる9箇所のポイントで、[コントロールパネル]のアイコンで設定します。

左上に設定

ノンブル

➡P.197

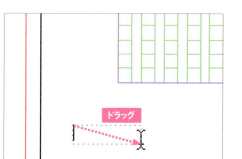

10 ページ番号を示す「ノンブル」を設定します。
[T][横組み文字]ツールを選択し、[コントロールパネル]で文字を「小塚明朝 Pro、スタイル:R、サイズ:13Q」に、段落を「左揃え」に設定します。
ページの左下あたりにプレーンテキストフレームを作成します。

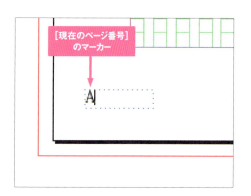

11 [書式]メニュー→[特殊文字の挿入]→[マーカー]→[現在のページ番号]を選択します。
[現在のページ番号]のマーカーが挿入されます。

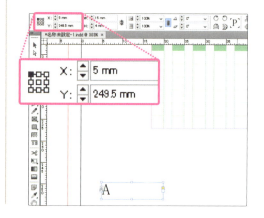

12 [選択]ツールでテキストフレームを選択します。
[コントロールパネル]で基準点が左上にあることを確認し、[X]に「5mm」、[Y]に「249.5mm」と入力します。
ノンブルのテキストフレームが移動します。

202

⑬ [Ctrl] + [O] キーを押してページ全体を表示します。[選択]ツールでテキストフレームを選択し、[Alt] + [Shift] キーを押しながら右ページへドラッグします。
ノンブルのテキストフレームがコピーされます。

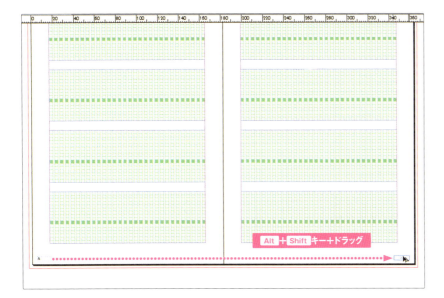

[Ctrl]+[O]キーは[表示]メニュー→[ページ全体]のショートカットキーです。

[選択]ツールで選択したオブジェクトを[Alt]キーを押しながらドラッグすると、オブジェクトがコピーされます。

[Shift]キーを押すことによって、45°単位でマウスポインタの動きが固定されます。

自動的に振られるノンブル（ページ番号）

ノンブル（ページ番号）は、当然ページごとに数字が変化します。これを1ページずつ手作業で番号を入力するのでは、手間がかかりすぎます。そこで、ノンブルがページに自動的に振られるように、マスターページ上で設定を行います。
手順⑪で入力した[現在のページ番号]マーカーは、マスターページでは「A」と表示されていますが、ドキュメントページではページ番号の数字に置き換わる特殊記号です（「A」は、マスターページ「A」に設定されていることを示します）。これにより、各ページに適切なノンブルが振られます。

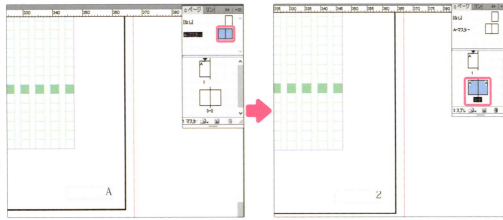

マスターページでは、[現在のページ番号]マーカーが「A」と表示されています。

ドキュメントページの2ページ目を確認すると、「2」と表示されています。

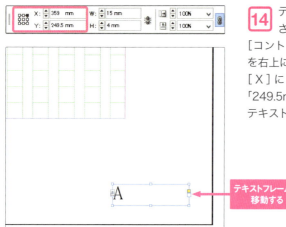

[14] テキストフレームが選択されていることを確認し、[コントロールパネル]で基準点を右上にします。
［X］に「359mm」、［Y］に「249.5mm」と入力します。
テキストフレームが移動します。

基準点
➡P.202

テキストフレームが移動する

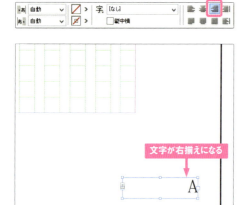

[15] 右ページのノンブルなので、文字を右揃えにします。
[T.] ［横組み文字］ツールを選択します。[コントロールパネル]の[段落]で「右揃え」を選択します。
テキストフレーム内で文字が右揃えになります。

文字が右揃えになる

 ノンブルの開始ページを変更する

ノンブルには、自動的に該当ページの数字が割り当てられますが、ノンブルの開始ページを変更することもできます。[レイアウト]メニュー→[ページ番号とセクションの設定]を選択し、表示される[ページ番号とセクションの設定]ダイアログで設定します。
例えば、8ページからノンブルを振りたい場合は、図のように設定します。

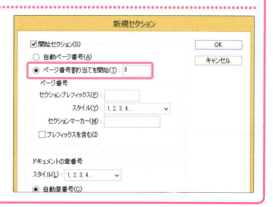

16 作成したファイルを保存します。
[ファイル]メニュー→[保存]を選択し、表示される[別名で保存]ダイアログで、ファイル名を「bisZINE」として、フォルダー(ここでは「小冊子」フォルダー)に保存します。

ファイルが増えてしまう前に、あらかじめ新規フォルダーを作成しておき、制作物ごとなどに保存するとよいでしょう。ここでは、「ドキュメント」フォルダー内に「小冊子」フォルダーを作成しています。

17 小冊子全体で共通する枠組みとなるマスターページの完成です。

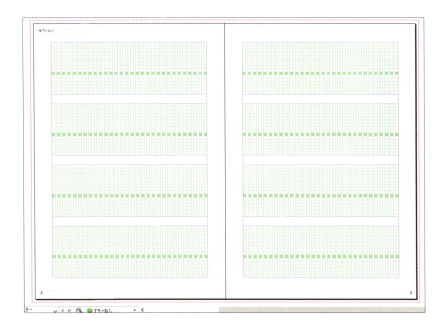

マスターページはこれで完成。いよいよレイアウト作業に入ります。

Ps Step 2 アクションを利用した画像の一括自動処理

1 小冊子に使用するすべての画像を、商用印刷に適するように解像度やカラーモードを変更します。しかし、多数の画像に対して同じ編集を加えるのに、1ファイルずつ開いて作業するのでは効率がよくありません。そこでここでは「アクション」機能（下段コラム参照）を利用します。Photoshopを起動し、Photoshopファイル「ex6-cup01 after」を開きます。

Step②で使用する画像ファイルは、付録CD-ROMの「Ex07」フォルダー→「Ex07素材」フォルダー→「RGBphoto」フォルダー内に収録されています。あらかじめパソコンにコピーしておきましょう。

☞ Photoshopでファイルを開く
➡P.112

2 ［ウィンドウ］メニュー→［アクション］を選択して、［アクション］パネルを表示します。

 Photoshopの「アクション」機能とは

「アクション」とは、一連の作業を記録しておき、必要なときに実行できる機能です。煩雑な操作やいくつもの作業を記録しておくことで、少ない手数で自動的に作業を実行できます。また、「バッチ」機能を併用することで、1つのファイルだけでなく同一フォルダ内の複数のファイルに対して実行できるので、時間短縮にもつながります。
なお、Step **2** で行うカラーモードの変更は、Example 5のStep **8**（P.161参照）で行った操作と同じです。Example 5では使用する10枚の画像すべてを開いてそれぞれ操作しましたが、ここではアクション機能を使って一括で自動的に変更し、さらに解像度も変更します。
また、［アクション］パネルの［初期設定のアクショ ン］の ▶ をクリックして展開すると、あらかじめいくつかのアクションが用意されています（図）。しかし、実際にはここで解説するように、オリジナルのアクションを記録して使用するほうが現実的でしょう。

3 アクションセットを作成します。
[アクション]パネルの をクリックして表示されるパネルメニューから、[新規セット]を選択します。表示される[新規セット]ダイアログで、[アクションセット名]に「bisZINE入稿」と入力し、[OK]ボタンをクリックします。
アクションセット「bisZINE入稿」が作成されます。

Memo

「アクションセット」とは、いくつかのアクションをまとめて管理するフォルダーのようなものです。よく使うアクションをひとまとめにしたり、制作物ごとに分けたりしておくと便利です。

4 これから行う一連の作業をアクションとして記録します。
[アクション]パネルで手順 3 で作成したアクションセット「bisZINE入稿」が選択されていることを確認し、パネルメニューから[新規アクション]を選択します。表示される[新規アクション]ダイアログで、[アクション名]に「解像度-CMYK変換」と入力し、[記録]ボタンをクリックします。

Hint

新規セットと新規アクションは、パネル下部にある [新規セットを作成]または [新規アクションを作成]をクリックしても作成できます。

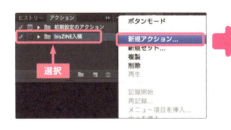 

5 [記録開始]ボタンが赤になり、記録可能状態であることを確認します。これ以降の操作が記録されます。

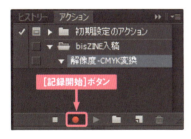

6 まず、画像の解像度変換の操作を行います。
[イメージ]メニュー→[画像解像度]を選択します。表示される[画像解像度]ダイアログで「画像の再サンプル」のチェックを外し、[解像度]に「260」pixel/inchと入力して、[OK]ボタンをクリックします。

Caution

ここでは例として解像度を「260 pixel/inch」に設定していますが、印刷会社や出力センターによっては値を指定される場合があります。一般的には、300～350 pixel/inchです。

207

7 次に画像のカラーモードを変更する操作を行います。
[編集]メニュー→[プロファイル変換]を選択します。表示される[プロファイル変換]ダイアログで、[プロファイル]を「作業用 CMYK - Japan Color 2001 Coated」、[マッチング方法]を「相対的な色域を維持」に設定し、その他の項目は初期設定のまま[OK]ボタンをクリックします。

Hint
[プロファイル変換]では、カラーモードをRGBからCMYKに変換する際に、どのように変換するのかを設定します。ここでは、一般的な日本の印刷に対応していて、InDesignでの作業で表示される画像も印刷される色をシミュレーションするプロファイルに変換しています。

8 [アクション]パネルの■[再生/記録を中止]ボタンをクリックして記録を止めます。解像度変更とカラーモード変更操作が記録され、アクションとして作成されます。

Memo
●[記録開始]ボタンが白になっていることを確認しましょう。

9 作成したアクション「解像度-CMYK変換」を、フォルダー「RGBphoto」内のファイルすべてに適用します。
[ファイル]メニュー→[スクリプト]→[イメージプロセッサー]を選択します。表示される[イメージプロセッサー]ダイアログで、以下のように設定し、[実行]ボタンをクリックします。

Hint
ここでは例としてファイル形式を「JPEGとして保存」に設定していますが、印刷会社や出力センターの指示に従ってください。

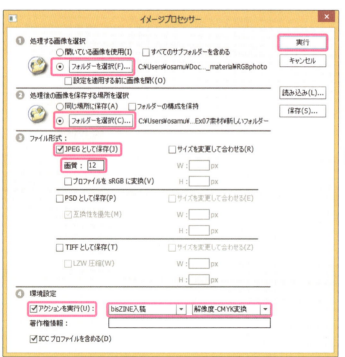

たくさんの画像を処理する際は、アクションを使うのが便利なんですね。

❶**処理する画像を選択：**「フォルダーを選択」ボタンをクリックして、表示される「フォルダを選択」ダイアログで、フォルダー「RGBphoto」を選択します。[OK]ボタンをクリックし、ダイアログを閉じます。

❷**処理後の画像を保存する場所を選択：**「フォルダーを選択」のチェックボタンをクリックして、「フォルダーを選択」ボタンをクリックします。表示される「フォルダーを選択」ダイアログで保存先のフォルダー（ここではStep❶ 手順⓰で作成した「小冊子」フォルダー）を選択します。[OK]ボタンをクリックし、ダイアログを閉じます。

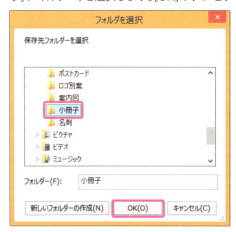

❸**ファイル形式：**保存するファイル形式を指定します。ここでは「JPEGとして保存」にチェックを入れ、[画質]に「12」と入力します。

❹**環境設定：**「アクションを実行」にチェックを入れ、実行するアクションセットとアクションを指定します。ここでは、「bizZINE入稿」「解像度-CMYK変換」となっていることを確認します。

⓾ 自動的に解像度変更、カラーモード変更の作業が開始され、指定したフォルダー内のファイルすべてに対して適用されます。

作業が終了したファイルは、保存先に指定したフォルダー（ここでは「小冊子」フォルダー）内にさらに自動的に作成されるフォルダー「JEPG」内に保存されます。

変更後の画像ファイルは、付録CD-ROMの「Ex07」フォルダー→「Ex07素材」フォルダー→「JPEG」フォルダー内に収録されています。

iD Step 3 マスターページの追加

1. InDesignに戻り、特集ページのためのマスターページを追加します。
[ページ]パネルのパネルメニューから[新規マスター]を選択します。表示される[新規マスター]ダイアログで、[プレフィックス]に「1」、[名前]に「旅日記」と入力し、[基準マスター]に「A-マスター」を選択して、[OK]ボタンをクリックします。

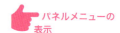
パネルメニューの表示
➡P.032

マスターページ
➡P.195

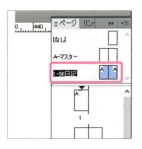

2. [ページ]パネルにマスターページ「1-旅日記」が追加されます。

Memo

[プレフィックス]と[名前]は、マスターページのページアイコンの左隣に表示されます。

3. 「特集ページ1」用に柱を変更します。
ページ左上を拡大表示し、[選択]ツールを選択します。[Shift]+[Ctrl]キーを押しながら、「セクション」をクリックします。
[T][横組み文字]ツールを選択し、既存の文字を【にっぽんふらっと旅日記】に書き換えます。

Caution

マスターページに配置したオブジェクトは、そのままでは選択や編集ができません。[Shift]+[Ctrl]キーを押しながら[選択]ツールまたは[ダイレクト選択]ツールでクリックすることで、選択や編集が可能になります。
このように選択・編集が可能な状態にすることを「オーバーライド」と呼びます。

4 [横組み文字]ツールで文字をすべて選択し、[カラー]パネルで「M：80% Y：90% K：30%」に設定します。

続けて、[カラー]パネルのパネルメニューから[スウォッチに追加]を選択して、この色を[スウォッチ]パネルに登録しておきます。

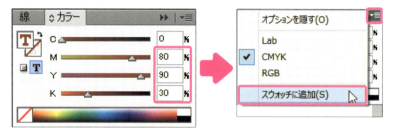

「スウォッチ」とは

Illustrator、InDesign、Photoshopの3製品に共通して採用されている「スウォッチ」とは、カラーや濃度（色合い）、グラデーション、パターンに名前を付けたものです。自分で作成した色やグラデーション、パターンをスウォッチとして登録しておくことで、オブジェクトに素早く適用できるようになります。

また、自作したスウォッチをスウォッチライブラリとして保存しておくことで、同じスウォッチをほかのファイルで読み込んで使えるようになります。

iD Step 4 扉ページの作成

1 [ページ]パネルで、マスターページ「1-旅日記」のページアイコンを選択し、ドキュメントページ「3-2」の下へドラッグします。ページが追加されます。

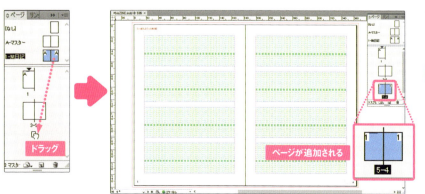

追加されたページには、マスターページ「1-旅日記」が適用され、あらかじめ柱とノンブルが配置されています。

ノンブル
→P.197

2 特集ページ1の扉ページをレイアウトします。数ページにわたる特集や連載記事の1ページ目は、記事の始まりが明確にわかるデザインにします。
この作例では、ページ全体に写真を敷いて、その上にタイトルとして目立つように大きな文字を配置し、ほかのページとの差別化を図っています。

3 [縦組み文字]ツールを選択し、[コントロールパネル]で文字と段落を欄外のように設定します。
右ページの右上から図のようにドラッグして、任意のサイズのテキストフレームを作成します。

●文字設定▶
小塚明朝 Pro、スタイル:B、サイズ:80Q、行送り:92H、カーニング:メトリクス
●段落設定▶左揃え

「左揃え」は縦組みの場合、実際には「上揃え」になります。

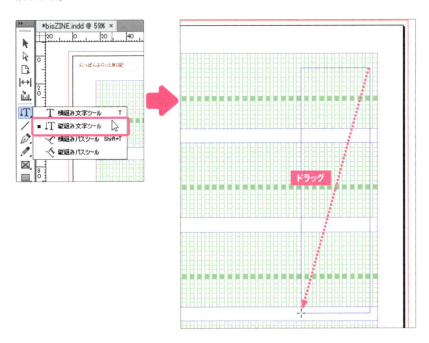

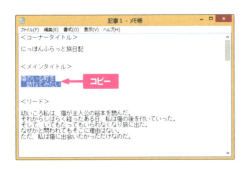

4 メモ帳などのテキストエディタでテキストファイル「記事1」を開き、<メインタイトル>のテキストをコピーします。

テキストファイル「記事1」は、付録CD-ROMの「Ex07」フォルダー→「Ex07素材」フォルダー内に収録されています。あらかじめパソコンにコピーしておきましょう。
以降で使用するテキストファイルは、すべて同じフォルダーに収録されています。

5 InDesignに戻ります。手順③で作成したテキストフレームが選択されていることを確認し、文字をペーストします。

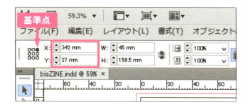

6 テキストフレームの位置を確定します。[コントロールパネル]で基準点を右上にして、[X]を「342mm」、[Y]を「27mm」に設定します。

7 ■［長方形］ツールで右ページの右上あたりをクリックします。
　表示される［長方形］ダイアログで、［幅］に「7.5mm」、［高さ］に「68mm」と入力し、［OK］ボタンをクリックします。
縦長の長方形が作成されます。
［コントロールパネル］で基準点を右上にして、[X]を「356mm」、[Y]を「-3mm」に設定します。

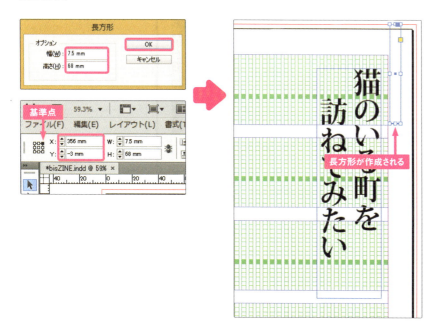

Example 7 小冊子を作成する

8 ［コントロールパネル］で［塗り］を「黒」、［線］を「なし」に設定します。

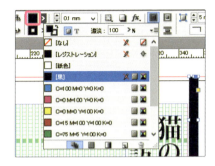 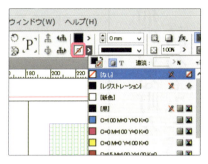

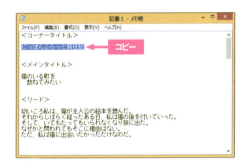

9 手順4と同様にして、テキストファイル「記事1」から＜コーナータイトル＞のテキストをコピーします。

10 InDesignに戻ります。Shift + Ctrl + A キーを押して、すべての選択を解除します。
［縦組み文字］ツールを選択し、［コントロールパネル］で文字と段落を欄外のように設定します。長方形上でクリックし、［コントロールパネル］で［塗り］を「紙色」に設定して、文字をペーストします。

Shift + Ctrl + A キーは、［選択を解除］のショートカットキーです。

●文字設定▶
小塚ゴシック Pro、スタイル：B、サイズ：19Q、行送り：自動、カーニング：メトリクス
●段落設定▶左揃え

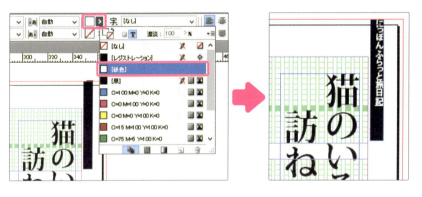

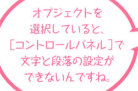
オブジェクトを選択していると、［コントロールパネル］で文字と段落の設定ができないんですね。

214

|11| ▶[選択]ツールでコーナータイトルのテキストフレームを選択します。
[オブジェクト]メニュー→[テキストフレーム設定]を選択します。

表示される[テキストフレーム設定]ダイアログで、[フレーム内マージン]の🔗アイコンをクリックして解除し、[上]に「16 mm」と入力します。
さらに[テキストの配置]の[配置]で「中央」を選択して、[OK]ボタンをクリックします。
文字の位置が移動します。

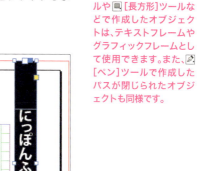

> **Hint**
> 🖼[長方形フレーム]ツールや⬜[長方形]ツールなどで作成したオブジェクトは、テキストフレームやグラフィックフレームとして使用できます。また、✒[ペン]ツールで作成したパスが閉じられたオブジェクトも同様です。

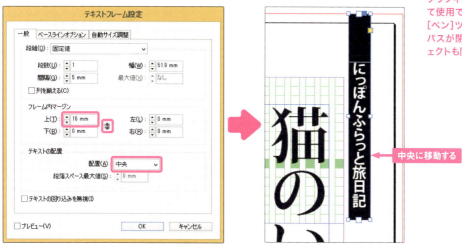

iD Step 5 作成したページをマスターページとして登録

|1| Step 4 で作成した扉ページのデザインを、他の特集や連載ページの扉ページにも使用するために、マスターページに登録します。

[ページ]パネルで、作成したドキュメントページが選択されていることを確認します。パネルメニューから[マスターページ]→[マスターページとして保存]を選択します。

[ページ]パネルにマスターページ「B-マスター」が追加されます。

> **Hint**
> プレフィックスと名前は、自動的に付けられます。

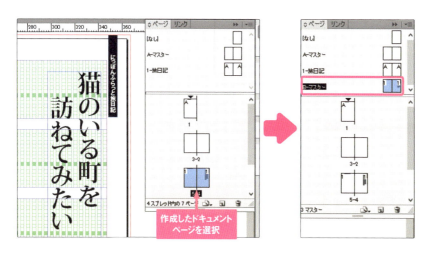

Example 7 小冊子を作成する

②［ページ］パネルで「B-マスター」が選択されていることを確認し、パネルメニューから［マスターページ設定"B-マスター"］を選択します。
表示される［マスターページ設定］ダイアログで、［名前］に「扉ページ」と入力し、［基準マスター］を「A-マスター」に変更し、［OK］ボタンをクリックします。
マスターページ「扉ページ」が設定されます。

iD Step 6 テキストの流し込み

①［ページ］パネルで「5-4」のページアイコンをダブルクリックして、「5-4」をドキュメントウィンドウに表示します。
［縦組み文字］ツールを選択して、［コントロールパネル］で文字と段落を設定します。

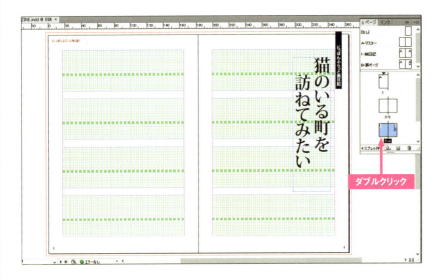

②Step④手順④と同様にして、テキストファイル「記事1」から＜リード＞のテキストをコピーします。

216

3 InDesignに戻ります。
[IT][縦組み文字]ツールを選択し、[コントロールパネル]で欄外のように文字と段落を設定します。
右ページの4段目のレイアウトグリッドの2行目の上から、16行目の下までドラッグしてプレーンテキストフレーム作成し、コピーしたテキストをペーストします。

☞ テキストフレームの作成
➡ P.212

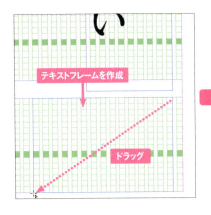
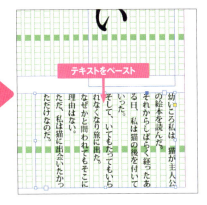

●文字設定▶
小塚明朝 Pro、スタイル:M、サイズ:16Q、行送り:26H、カーニング:メトリクス
●段落設定▶均等配置（最終行左／上揃え）

4 続いてフレームグリッドに本文を流し込みます。
[縦組みグリッド]ツールを選択し、左ページの2段目のレイアウトグリッドに沿ってフレームグリッドを作成します。

☞ フレームグリッド
➡ P.201

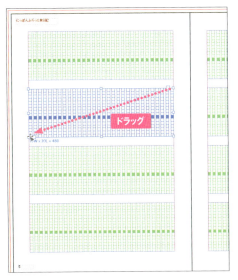

Hint

フレームグリッドの文字や段落の設定は、新規ドキュメント作成時の[新規レイアウトグリッド]ダイアログでの設定（P.198参照）が適用されます。そのため、レイアウトグリッドの緑色のマス目とぴったり重なります。

「スナップ」とは

スナップとは、オブジェクトを移動する際に、ガイドやレイアウトグリッドに近づけるだけで、ピタッと吸着される便利な機能です。[表示]メニュー→[グリッドとガイド]→[ガイドにスナップ]または[レイアウトグリッドにスナップ]で設定します。
初期設定では、チェックマークが付いて有効になっています。スナップさせたくない場合は、再度メニューから選択して、チェックマークを外します。

Example 7 小冊子を作成する

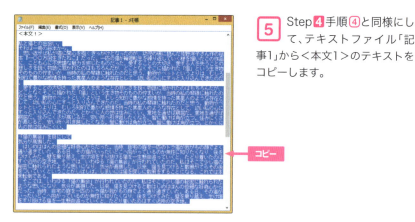

[5] Step[4]手順[4]と同様にして、テキストファイル「記事1」から＜本文1＞のテキストをコピーします。

[6] InDesignに戻ります。[IT]［縦組み文字］ツールを選択し、手順[4]で作成したフレームグリッドの右上をクリックします。手順[5]でコピーしたテキストをペーストします。

[7] フレームグリッドから溢れたテキストがあることを示す ➕ マークが、フレームグリッドの左下に表示されています。
［選択］ツールで ➕ マークをクリックします。

218

⑧ マウスポインタが に変わります。3段目のレイアウトグリッドの右上にマウスポインタを合わせてクリックします。
3段目にフレームグリッドが作成され、溢れているテキストが自動的に流し込まれます。

⑨ 手順⑦〜⑧と同様にして、4段目にもテキストを流し込みます。

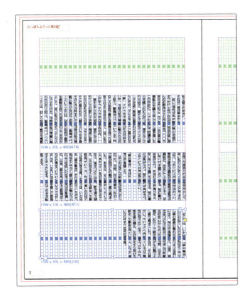

Caution

手順⑧でフレームグリッドを作成する際に、クリックする位置によっては、作成されるフレームグリッドがレイアウトグリッド(緑色のマス目)からずれてしまうことがあります。その場合は、[選択]ツールでフレームグリッドを選択して、レイアウトグリッドに重なるように移動したり、フレームのハンドルをドラッグして幅を調整します。

フレームグリッドに沿ってきれいに文字が流し込まれるのですね。

Example 7 小冊子を作成する

219

iD Step 7 テキストと写真のレイヤーを分ける

[1] 文字と写真のレイヤーを分けることで、誤って移動したり削除したりしないようにします。[ウィンドウ]メニュー→[レイヤー]を選択し、[レイヤー]パネルを表示します。
パネルのタイトルバー(タブの上にある、何も記述されていない単一色のバー)をドラッグし、ドキュメントウィンドウ右側のドックに格納します。[レイヤー]アイコンをクリックして、[レイヤー]パネルを表示します。

Hint
パネルをドックにドラッグすると、半透明の表示に変わります。そのタイミングでマウスボタンを離すと格納されます。

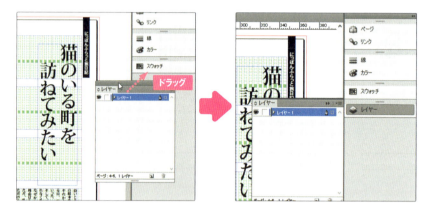

[2] [レイヤー]パネルのパネルメニューから[新規レイヤー]を選択します。表示される[新規レイヤー]ダイアログで、[名前]に「写真」と入力し、[OK]ボタンをクリックします。

Memo
[レイヤー]パネルの操作方法は、Illustratorの場合とほぼ同じです。P.066のコラムなどを参照してください。

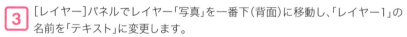

[3] [レイヤー]パネルでレイヤー「写真」を一番下(背面)に移動し、「レイヤー1」の名前を「テキスト」に変更します。
さらにレイヤー「テキスト」をロックし、レイヤー「写真」を選択します。

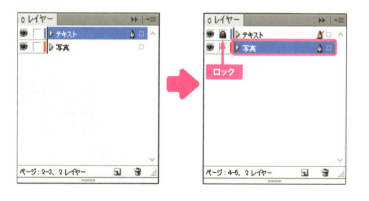

Hint
レイヤー名の変更は、名前をダブルクリックして表示される[レイヤーオプション]ダイアログで行います。

レイヤーのロック
➡P.067

220

iD Step 8 グラフィックフレームに画像ファイルを読み込む

1 P.196のラフレイアウトを参考にして、写真を配置するためのグラフィックフレームを作成します。

[長方形フレーム]ツールを選択して、図のように3個の長方形を作成します。または、次ページのコラムを参照して、3個のグラフィックフレームをコピーしてもかまいません。

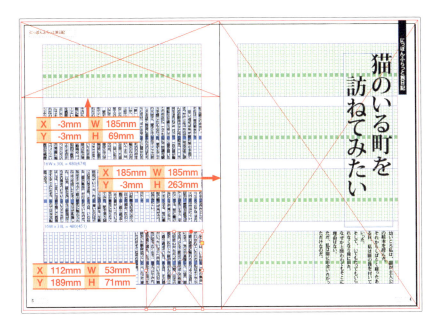

Memo

「グラフィックフレーム」とは、写真やイラストの画像ファイル（PSD/TIFF/JPEG/PNG/EPS形式など）を読み込んで配置するためのオブジェクトです。

Hint

Step❹手順⑦と同様にして、長方形のサイズと位置を決定し、図のように配置します（基準点はすべて左上）。

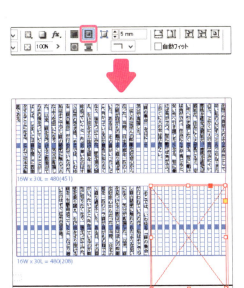

2 左ページの4段目は、文字とグラフィックフレームが重なっています。グラフィックフレームに文字を回り込ませて、重ならないようにします。

[選択]ツールでグラフィックフレームを選択し、[コントロールパネル]の [境界線ボックスで回り込む]をクリックします。文字が回り込みます。

Memo

「文字を回り込ませる」とは、グラフィックフレームをよけて文字が流れるようにすることです。

3 グラフィックフレームに画像ファイルを読み込み、写真を配置します。
[選択]ツールで左ページ上のグラフィックフレームを選択します。[ファイル]メニュー→[配置]を選択し、表示される[配置]ダイアログでJPEGファイル「ex6-scenery04after」を選択し、[開く]ボタンをクリックします。
写真が配置されます。

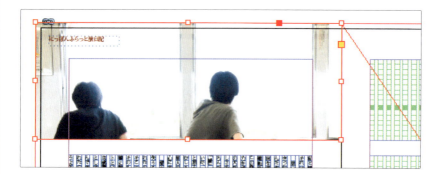

JPEGファイル「ex6-scenery04after」は、Step❷手順❾の操作で作成されたフォルダー「JPEG」に入っています。付録CD-ROMにも収録されています(「Ex07」フォルダー→「Ex07素材」フォルダー→「JPEG」フォルダー内)。

InDesign CC 2014を使用の場合は、配置の基準点がグラフィックフレームの中央に変更され、写真の見え方が左図とは異なります。

グラフィックフレームをコピーする

手順❶で作成したグラフィックフレームは、付録CD-ROMからコピーすることもできます。
付録CD-ROMの「Ex07」フォルダー→「Ex07素材」フォルダー内に収録されているInDesignファイル「グラフィックフレーム」を開き、[ページ]パネルで「5-4」のページアイコンをダブルクリックして、「5-4」をドキュメントウィンドウに表示します。
[選択]ツールを選択し、[編集]メニュー→[すべてを選択]を選択し、続けて[編集]メニュー→[コピー]を選択して、グラフィックフレームをすべてコピーします。
InDesignファイル「bisZINE」に戻り、レイヤー「写真」が選択されていることを確認して、[編集]メニュー→[元の位置にペースト]を選択します。グラフィックフレームがすべてペーストされ、手順❶と同じ状態になります。

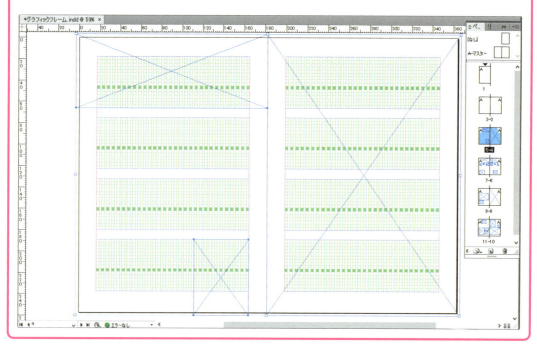

4 [ダイレクト選択]ツールで写真を選択します。
元の写真サイズの枠が表示されます。

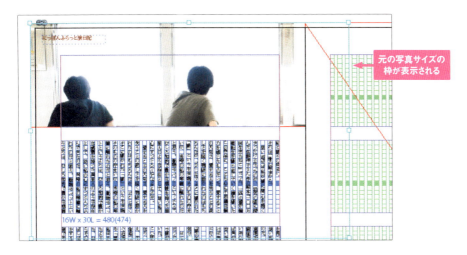

← 元の写真サイズの枠が表示される

5 フレームサイズと写真サイズが異なるので、ここではフレームサイズに写真サイズをフィットさせます。
[コントロールパネル]の [フレームに均等に流し込む]をクリックします。写真がフレームの左右の幅に合わせて縮小されます。

Hint

[フレームに均等に流し込む]は、配置する画像の縦横比を保持したまま、グラフィックフレームのサイズに合わせて配置されます。フレームと画像の縦横比が異なる場合は、画像の一部がトリミングされます。その他の方法については、次ページのコラムを参照。

6 写真の表示位置を調整します。
[ダイレクト選択]ツールが選択されていることを確認し、写真の上にマウスポインタを合わせ、ポインタが に変わったら、shiftキーを押しながら、人物の頭部がフレームに収まるように、下へドラッグします。

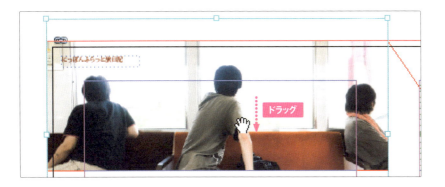

ドラッグ

223

グラフィックフレームと配置画像

グラフィックフレームと配置画像を調整するには、[フレームに均等に流し込む]以外にも、[内容を縦横比率に応じて合わせる][内容をフレームに合わせる]、[フレームを内容に合わせる]、[内容を中央に揃える]があります。

[内容を縦横比率に応じて合わせる]は、配置する画像の縦横比を保持したままグラフィックフレームのサイズに合わせて配置されるのは[フレームに均等に流し込む]と同じですが、フレームと画像の縦横比が異なる場合は、フレームと画像の空間が生じます。

[内容をフレームに合わせる]は、フレームのサイズに画像を合わせて配置します。縦横比が異なる場合は画像の縦横比が変更されます。

[フレームを内容に合わせる]は、画像に合わせてフレームのサイズが変更されます。

[内容を中央に揃える]は、フレームの中央に画像が配置されます。

[内容を縦横比率に応じて合わせる]

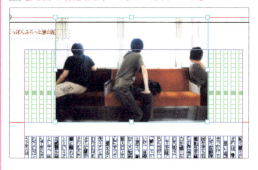

[内容をフレームに合わせる]

[フレームを内容に合わせる]

[内容を中央に揃える]

なお、フレームと配置画像を調整後、フレームを選択した状態で[自動フィット]にチェックマークを付けておくと、フレームのサイズを変更した場合、それに合わせて画像も自動的にサイズ変更されます。

[7] 同様にして、左ページの下のフレームにJPEGファイル「ex6-densha」、右ページのフレームにJPEGファイル「ex7-ekineko」を、それぞれ配置します。「ex7-ekineko」は、配置後、[コントロールパネル]の[内容を中央に揃える]をクリックして、位置を調整します。

左ページの下の写真は、フレームグリッドが上に重なって表示されています。表示モードをプレビューモードにすると、グリッドのない状態で確認できます。

表示モード

ツールパネルの一番下の[モード]ボタンを長押しすると、5種類の表示モードを選択できます。中でもよく使用するのが[標準モード]と[プレビューモード]です。
[標準モード]は、グリッドやガイド、フレームなどがすべて表示されます。

[プレビューモード]は、印刷時と同じ状態で表示され、印刷対象外の要素(グリッド、ガイド、非表示のオブジェクト)は表示されません。
レイアウト作業は[標準モード]で行い、時折[プレビューモード]で仕上がりを確認するという使い方が一般的です。

標準モード

プレビューモード

iD Step 9 段落スタイルの活用

[1] 本文の見出しのスタイルを設定します。
[レイヤー]パネルで、レイヤー「写真」をロックし、レイヤー「テキスト」のロックを解除して、選択します。

見出しのスタイル
➡P.227

[2] [縦組み文字]ツールを選択し、左ページの2段目最初の2行を選択します。
[コントロールパネル]で文字と段落を設定します。

●文字設定▶
小塚ゴシック Pro、スタイル:M、サイズ:17Q、行送り:24H、カーニング:メトリクス
●段落設定▶左揃え

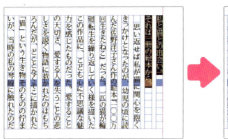

[3] 現状では、見出しの行がフレームの右端に揃っていないので調整します。
　[コントロールパネル]右端の アイコンをクリックし、表示されるパネルメニューから[グリッド揃え]→[なし]を選択します。続いて、パネルメニューから[行送りの基準位置]→[欧文ベースライン]を選択します。
見出しの行の行送りが設定通りになり、フレームの右端に揃います。

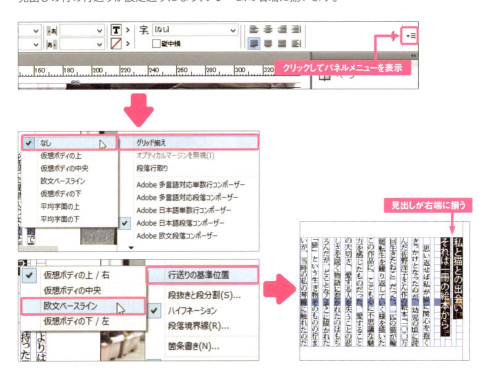

226

[4] この文字設定を段落スタイルとして登録します。
[書式]メニュー→[段落スタイル]を選択して[段落スタイル]パネルを表示し、画面右側のドッグへドラッグして格納します。

Memo
[ウィンドウ]メニュー→[スタイル]→[段落スタイル]でも表示できます。初期設定では、[段落スタイル]と[文字スタイル]のパネルがグループになっています。

パネルを格納する
➡P.220

[5] [段落スタイル]パネルを表示します。
2段目最初の2行が選択されていることを確認し、パネルメニューから[新規段落スタイル]を選択します。
表示される[新規段落スタイル]ダイアログで、[スタイル名]に「見出し」と入力し、[OK]ボタンをクリックします。

パネルメニューの表示
➡P.032

Memo
新規段落スタイルは、パネル下部の[新規スタイルを作成]アイコンをクリックしても作成できます。

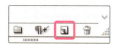

「段落スタイル」と「文字スタイル」

書式(フォント、フォントサイズ、行送り、カラーなど)の設定を登録しておくことで、テキストに素早くその設定を適用できるのが「段落スタイル」「文字スタイル」機能です。いちいち同じ書式を設定する手間が省け、登録スタイルの書式を変更すると、そのスタイルを適用したテキストすべてに一括で変更が反映されるなど、効率的に作業を行えます。
「段落スタイル」は段落全体に対して、「文字スタイル」は段落内の特定の文字列に対して適用されます。一般的に本文や見出しなどには、段落スタイルを使用すれば問題ないでしょう。

図の例では、InDesign初期設定の書式(小塚明朝 Pro、R、13Q)に設定したテキストに対して、見出しと本文にはそれぞれ段落スタイルを、「山田」「鈴木」の名前部分には文字スタイルを適用しています。

6 [段落スタイル]パネルにスタイル「見出し」が登録されます。

この段階では、コピーしたテキスト＜見出し＞にはスタイルが適用されていません。テキストを選択し、[段落スタイル]パネルのスタイル「見出し」をクリックして適用します（スタイル「見出し」と同じ文字設定がされているので、見た目は変わりません）。

7 段落スタイルを適用します。
[IT][縦組み文字]ツールを選択し、左ページ3段目12〜13行目【「猫の集会」を〜高揚した。】の2行を選択します。
[段落スタイル]パネルでスタイル「見出し」をクリックして、スタイルを適用します。

段落スタイルが適用される

8 手順②〜⑤と同様にして、右ページのリード文を[IT][縦組み文字]ツールで選択して、[段落スタイル]パネルに「リード」の名前で登録しておきます。

スタイルを登録しておくことで、後の作業が楽になります。

iD Step 10 タイトル文字の修飾

1 作成したページを全体表示にし、表示モードをプレビューモードにして、レイアウトを確認します。

右ページのタイトルやリード文、左ページの見出しに文字色を設定します。また、タイトルが写真と重なって見にくいので、文字にフチを付けて見やすくします。

ページ全体を表示するには、[表示]メニュー→[スプレッド全体]を選択します。

プレビューモード
➡P.225

表示モードは標準モードに戻しておきます。

2 [選択]ツールでコーナータイトルの長方形を選択します。[コントロールパネル]で[塗り]の一覧から「C=0 M=80 Y=90 K=30」を選択します。

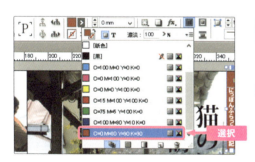

柱の文字に使用している色と同色です。

3 [縦組み文字]ツールでタイトルを選択します。[コントロールパネル]で[塗り]の一覧から「C=0 M=80 Y=90 K=30」を選択します。

テキスト関連のツールで文字を選択すると、[コントロールパネル]の[塗り]がTに変わります。

229

[4] リード文の色も「C=0 M=80 Y=90 K=30」に変更します。

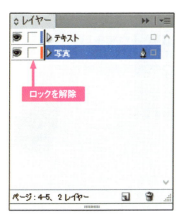

[5] 左ページ下の写真の左側を1行空けて、ゆとりをもたせます。
［レイヤー］パネルでレイヤー「写真」のロックを解除します。

[6] [選択]ツールで左ページ下の写真を選択します。
［ウィンドウ］メニュー→［テキストの回り込み］を選択して［テキストの回り込み］パネルを表示し、図のように「3 mm」と入力します。
写真の左側に空きができます。

チェーンアイコンが切れていない場合は、1箇所に「3mm」と入力すると、他も自動的に「3mm」と入力されます。

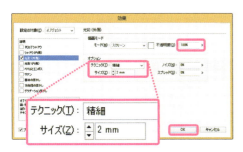

7 タイトルに自然なフチを付けて見やすくします。
[選択]ツールでタイトルのテキストフレームを選択し、[オブジェクト]メニュー→[効果]→[光彩(外側)]を選択します。表示される[効果]ダイアログで、[不透明度]を「100%」、[テクニック]を「精細」、[サイズ]を「2mm」に変更して、[OK]ボタンをクリックします。
文字に白フチがつき、見やすくなります。

Memo

[効果]を設定する場合は、[縦組み文字]ツールではなく、[選択]ツールで選択します。

Example 7 小冊子を作成する

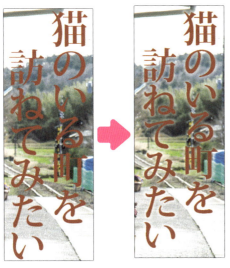

不透明度やサイズは自由に変更してみましょう。

フチ文字や影文字の設定

一番簡単なフチ文字の作成方法は、文字を選択し、線の色と太さを設定する方法(左)ですが、ここではより自然なフチを付けるため、[オブジェクト]メニューの「効果」機能を用いました。
また、文字を読みやすくする手法として、文字に影を付ける「ドロップシャドウ」もあります(右)。
[選択]ツールでテキストフレームを選択し[オブジェクト]メニュー→[効果]→[ドロップシャドウ]を選択し、表示される[効果]ダイアログで各種設定を行います。

文字の色を「M:30」、線の色を「K:100」、線幅「0.5 mm」に設定してフチ文字を作成した例

[効果]ダイアログで[ドロップシャドウ]を「描画モード:乗算、不透明度:75%」、[位置]を「距離:2 mm、角度:135」に設定した例

8 プレビューモードにして全体を確認します。

プレビューモード
➡P.225

iD Step 11 つづきの本文の作成

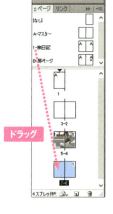

1 つづきの本文ページを作成します。
[ページ]パネルのマスターページ「1-旅日記」の名前部分を「5-4」の下へドラッグします。ドキュメントページが追加されます。

Memo

表示モードは標準モードに戻しておきます。

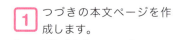

2 Step 4 手順 4 と同様にして、テキストファイル「記事1」から＜本文2＞のテキストをコピーします。

232

3. Step ❻手順⑥〜⑨と同様にして、図のように右ページの3段目と左ページの3段目に＜本文2＞を流し込みます。

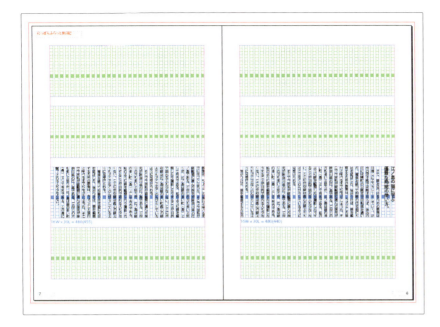

レイヤー「テキスト」が選択されていることを確認します。

4. ▣[長方形フレーム]ツールで、図のような位置に写真を配置するための長方形を12個作成します。

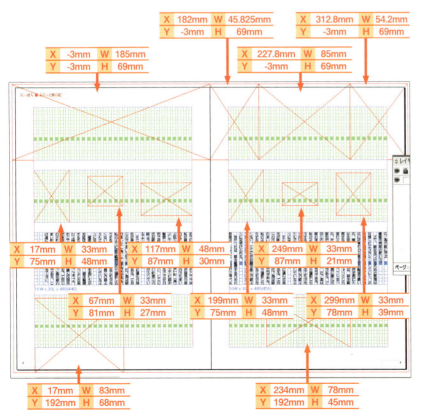

レイヤー「写真」のロックを解除し、選択します。

Step❹手順⑦と同様にして、長方形のサイズと位置を決定します。基準点はすべて左上です。

P.222のコラムの方法で、ページ「7-6」のグラフィックフレームをコピーして作業してもかまいません。

[5] Step 2で準備した写真を配置します。

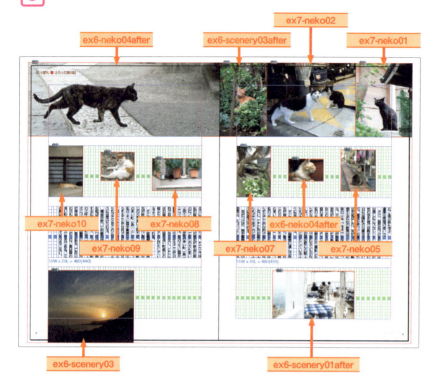

画像ファイルは、Step 2 手順 9 の操作で作成されたフォルダー「JPEG」に入っています。
付録CD-ROMにも収録されています（「Ex07」フォルダー→「Ex07素材」→「JPEG」フォルダー内）。以降で使用するJPEGファイルは、すべて同じフォルダーに収録されています。

👉 画像の配置
➡ P.222

[6] 見出しにスタイルを適用します。
レイヤー「テキスト」を選択します。します。

[7] 右ページの最初の2行を[IT.]［縦組み文字］ツールで選択し、［段落スタイル］パネルでスタイル「見出し」をクリックして、スタイルを適用します。

段落スタイルが適用される

234

[8] Step [4]手順④と同様にして、テキストファイル「特集1」から＜キャプション1＞のテキストをコピーします。

右ページ4段目の写真の右側に、[T][縦組み文字]ツールでテキストフレームを作成し（サイズと位置は欄外参照）、コピーしたテキストをペーストします。

●基準点右上
| X | 316mm | W | 31mm |
| Y | 219mm | H | 18mm |

●文字設定▶
小塚ゴシック Pro、スタイル：R、サイズ10Q、行送り：15H、カーニング：和文等幅
●段落設定▶左揃え

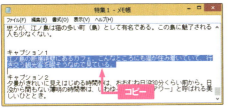

テキストフレームを作成してペースト

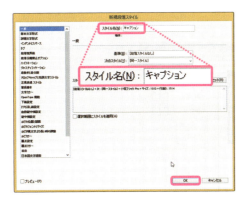

[9] ペーストしたテキストを選択します。［段落スタイル］パネルのパネルメニューから［新規段落スタイル］を選択します。表示される［新規段落スタイル］ダイアログで、［スタイル名］に「キャプション」と入力し、［OK］ボタンをクリックします。

この段階では、コピーしたテキスト＜キャプション1＞にはスタイルが適用されていません。テキストを選択し、［段落スタイル］パネルのスタイル「キャプション」をクリックして適用します（スタイル「キャプション」と同じ文字設定がされているので、見た目は変わりません）。

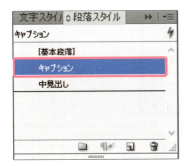

[10] ［段落スタイル］パネルにスタイル「キャプション」が登録されます。

235

11 手順 ❽ と同様にして、左ページ4段目の写真の右側に、＜キャプション2＞のテキストをペーストします（サイズと位置は欄外参照）。
［選択］ツールでテキストフレームを選択し、［段落スタイル］パネルでスタイル「キャプション」をクリックして、スタイルを適用します。

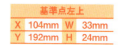

iD Step 12 次コーナーのページの作成

1 Step ❻〜⓫ で行った手順や操作を復習するために、次コーナーのページを作成してみましょう。
［ページ］パネルで、8〜9ページ目として「B-扉ページ」、10〜11ページ目として「A-マスター」をドラッグして、ドキュメントページを追加します。

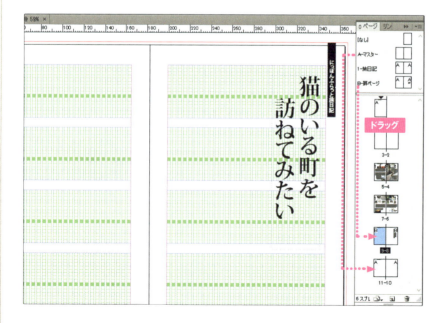

236

2. Step 6 〜 11 と同様にして、図を参考にしながら文字や写真をレイアウトしてみましょう（基準点はすべて左上です）。
テキストファイルは「記事2」からコピーして使用します。

8〜9ページ目レイアウト

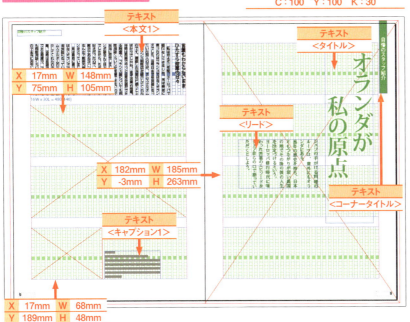

8〜9ページ目使用画像ファイル

Memo

P.222のコラムの方法で、ページ「9-8」「11-10」のグラフィックフレームをコピーして作業してもかまいません。

Hint

特集や連載などの記事ごとにテーマカラーを変えて、タイトル、柱、リード文に使用すると、記事の区切りが明確になり、まとまり感を演出できます。

Caution

マスターページに配置したオブジェクトは、そのままでは選択や編集ができません。[Shift]+[Ctrl]キーを押しながら[選択]ツールまたは[ダイレクト選択]ツールでクリックすることで、選択や編集が可能になります。

Example 7 小冊子を作成する

237

10〜11ページ目レイアウト

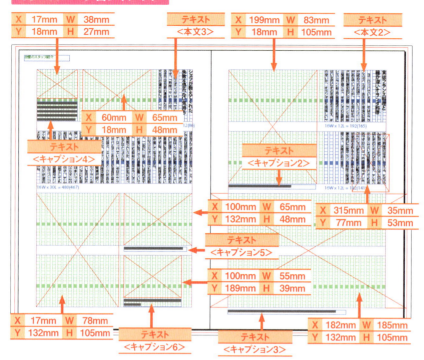

10〜11ページ目使用画像ファイル

Hint

JPEGファイル「ex6-cup01after」については、画像を配置後、次の操作を行います。
［テキストの回り込み］パネルの ◨ ［オブジェクトのシェイプで回り込む］をクリックし、［種類］を「枠の検出」に設定して、［上オフセット］に「4mm」と入力します。
コーヒーカップを避けるようにテキストが回り込みます。なおこの設定が機能するのは、背景が白色で塗りつぶされている写真に限ります。

Memo

JPEGファイル「ex6-scenery05after」については、画像を配置後、［コントロールパネル］の ◨ ［内容を中央に揃える］をクリックします。

238

iD Step 13 表紙の作成

1 表紙を作成します。
[ページ]パネルで「1」をダブルクリックして、ドキュメントウィンドウに表示します。この時点では、「A-マスター」が適用されており、ノンブルと柱が配置されています。表紙にこれらは不要なので、マスターページ「なし」を「1」に重ねるようにドラッグします。

マスターページをページ上へドラッグすることで、適用されるマスターページを置き換えることができます。

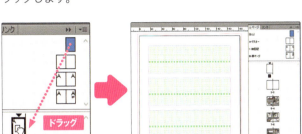

2 [レイヤー]パネルでレイヤー「写真」を選択します。断ち落とし領域に沿ってグラフィックフレームを作成して、JPEGファイル「ex7-hyoushi」を読み込み、写真を配置します。

グラフィックフレームの作成 ➡P.221

断ち落とし ➡P.065

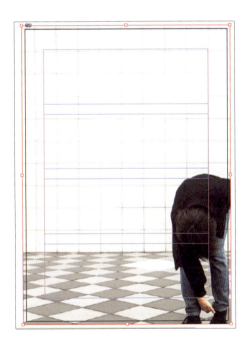

3 写真をフレームに合わせます。
[コントロールパネル]で[フレームに均等に流し込む]をクリックします。

手順③の操作が終わったら、レイヤー「写真」をロックします。

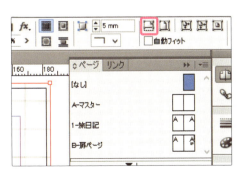

239

|4| [レイヤー]パネルでレイヤー「テキスト」を選択します。
Step|4|手順|7|と同様にして、■[長方形フレーム]ツールで図のような長方形を作成し、配置します（サイズと位置は欄外参照）。

■[長方形フレーム]ツールなどのフレームツール、■[長方形]ツールなどの形状ツールで作成したオブジェクトは、テキストフレームやグラフィックフレームとして使用できます。また、 [ペン]ツールで描画したパスが閉じられたオブジェクトも同様です。

基準点左上			
X	8mm	W	122mm
Y	10mm	H	7mm

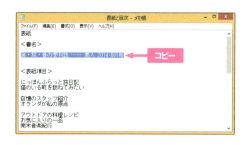

|5| Step|4|手順|4|と同様にして、テキストファイル「表紙と目次」から＜書名＞のテキストをコピーします。

|6| InDesignに戻ります。
|T|[横組み文字]ツールで長方形をクリックし、[コントロールパネル]で文字と段落を設定します。
コピーしたテキストをペーストします。

●文字設定▶
小塚ゴシック Pro、スタイル：M、サイズ：24Q
●段落設定▶両端揃え

7 Shift + Ctrl + A キーを押して、すべての選択を解除します。
［ファイル］メニュー→［配置］を選択します。表示される［配置］ダイアログで Illustratorファイル「ZINE_logo」を選択して、［開く］ボタンをクリックします。マウスポインタが に変わり、画像のサムネイルが表示されます。

Memo

Illustratorファイル「ZINE_logo」は、付録CD-ROMの「Ex07」フォルダー→「Ex07素材」フォルダー内に収録されています。

Hint

画像を配置するには、グラフィックフレームを選択してから画像ファイルを読み込む方法（P.222参照）と、ここで解説しているように先に画像をいったん配置してから位置やサイズを変更する方法があります。

8 任意の位置をクリックすると、ロゴが配置されます。
［コントロールパネル］で基準点を左上にして、［X］を「8.5mm」、［Y］を「19mm」に設定します。

9 ロゴの右側に **T**［横組み文字］ツールでテキストフレームを作成します。
［コントロールパネル］で位置とサイズ、文字と段落を設定します。［カラー］パネルで文字の塗りを「C:100」に設定します。
［字形］パネルを表示し、［表示］を「数字」にして表示される一覧から、文字【❶】を選択します。

基準点左上			
X	132mm	W	45mm
Y	8.5mm	H	46mm

●文字設定▶
小塚ゴシック Pro、スタイル:H、サイズ:180Q
●段落設定▶左揃え

Memo

［字形］パネルは［ウィンドウ］メニュー→［書式と表］→［字形］を選択して表示します。

Example **7** 小冊子を作成する

[10] ■[長方形]ツールで幅86 mm、高さ65 mmの長方形を作成します。
[コントロールパネル]で基準点が左上になっていることを確認し、[X]を
「12mm」、[Y]を「172mm」に設定します。

長方形の作成
➡P.213

長方形を配置

[11] Step❹手順④と同様にして、テキストファイル「表紙と目次」から＜表紙項目＞のテキストをコピーします。

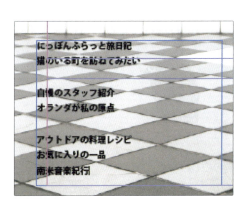

[12] InDesignに戻ります。
[T][横組み文字]ツールで長方形をクリックし、コピーしたテキストをペーストします。

[コントロールパネル]で文字サイズを「16Q」に変更しておきます。

[13] 図のようにテキストの文字設定と色を変更します。

❶❸の文字設定▶
小塚ゴシック Pro、スタイル:M、
サイズ:13 Q、行送り:22 H

❷❹の文字設定▶
小塚明朝 Pro、スタイル:B、
サイズ:28 Q、行送り:30 H

❺の文字設定▶
小塚ゴシック Pro、スタイル:M、
サイズ:16 Q、行送り:28 H

❶❷の文字の色▶
C=0 M=80 Y=90 K=30

❸❹の文字の色▶
C=75 M=5 Y=100 K=30

242

14 プレビューモードにして全体を確認します。
表紙の完成です。

プレビューモード
➡P.225

iD Step14 目次ページの作成

1 ［ページ］パネルで「3-2」のページアイコンをダブルクリックして、「3-2」をドキュメントウィンドウに表示します。

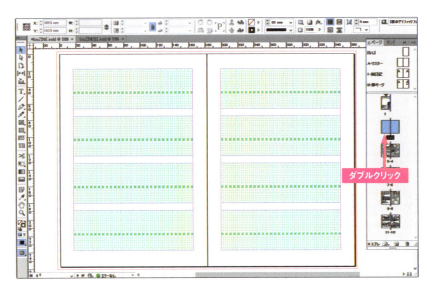

Memo
表示モードは標準モードに戻しておきます。

[2] 右ページは広告ページとして使用します。
▣[長方形フレーム]ツールでグラフィックフレームを作成します。[コントロールパネル]で位置とサイズを設定します。
PDFファイル「チラシ広告」を配置し、[コントロールパネル]の▣[内容を中央に揃える]をクリックし、位置を整えます。

基準点左上			
X	182mm	W	185mm
Y	-3mm	H	263mm

☞ 画像の配置
➡P.222

[レイヤー]パネルでレイヤー「写真」のロックを解除し、レイヤー「写真」を選択します。

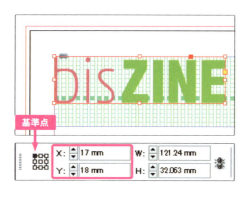

[3] 左ページの左上にIllustratorファイル「ZINE_logo」を配置し、[コントロールパネル]で位置を設定します。

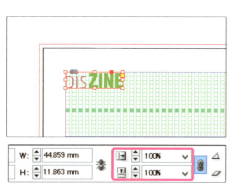

[4] [コントロールパネル]の[拡大／縮小 X パーセント]に「37%」と入力し、Enterキーを押します。
ロゴが37%に縮小されます。

[拡大／縮小 X パーセント]の右側の▣が切れていないことを確認してください。

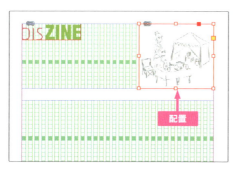

[5] ロゴの右側にJPEGファイル「ex7-illust」を配置し、[コントロールパネル]で位置を設定し、▣[内容を縦横比率に合わせる]をクリックします。

基準点左上			
X	107mm	W	58mm
Y	18mm	H	48mm

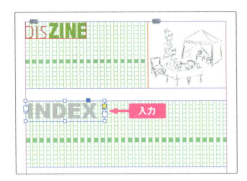

6 [レイヤー]パネルでレイヤー「テキスト」を選択します。
ロゴの下に[T][横組み文字]ツールでテキストフレームを作成します。
[コントロールパネル]で位置とサイズ、文字と段落を設定します。[カラー]パネルで文字の塗りを設定します。文字【INDEX】を入力します。

基準点右上			
X	17mm	W	57mm
Y	75mm	H	15mm

●文字設定▶
Arial、スタイル:Black、サイズ:60Q
●段落設定▶左揃え
●塗り▶K:30

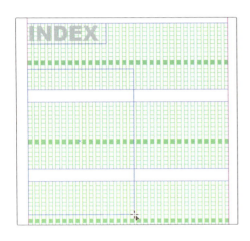

7 文字【INDEX】の下に[T][横組み文字]ツールでテキストフレームを作成します。
[コントロールパネル]で位置とサイズ、文字と段落を設定します。

基準点左上			
X	17mm	W	80mm
Y	108mm	H	102mm

●文字設定▶
小塚ゴシック Pro、スタイル:L、サイズ:15Q、行送り:26H
●段落設定▶左揃え

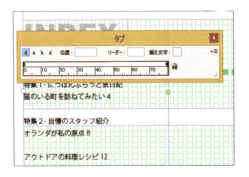

8 Step4 手順④と同様にして、テキストファイル「表紙と目次」から＜目次＞のテキストをコピーし、作成したテキストフレームにペーストします。

9 テキストフレームが選択されていることを確認し、[書式]メニュー→[タブ]を選択します。
テキストフレームの上に[タブ]パネルが表示されます。

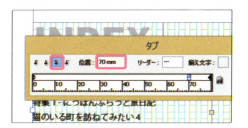

10 ［右／下揃えタブ］を選択して、［位置］に「70mm」、［リーダー］に「…」（三点リーダー）と入力します。

三点リーダーは、「･」（中黒）を3つ入力し、変換キーを押すと入力できます。

11 文字列のノンブル（ページ数）の前で Tab キーを押すと、タブの部分に「…」が挿入され、ノンブルの後ろが70mmの位置で揃います。
タブの設定を終えたら、［タブ］パネルを閉じます。

［位置］に数値を入力する代わりに、パネル内の定規の上をクリックする方法もあります。

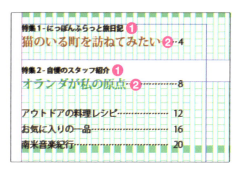

12 図のようにテキストの文字設定と色を変更します。

❶の文字設定▶
小塚ゴシック Pro、スタイル:M、サイズ:12Q、行送り:19H

❷の文字設定▶
小塚明朝 Pro、スタイル:B、サイズ:20Q
●文字の色▶各特集のテーマカラー

13 プレビューモードにして全体を確認します。
目次ページの完成です。

246

「タブ」と「インデント」

文字を任意の位置で揃えるには、「タブ」と「インデント」の2つの方法があります。

タブを使用すると、テキストをテキストフレームの特定の位置で揃えることができます。タブで揃えるには、文字列の任意の位置で Tab キーを押してタブを挿入（入力）します。

インデントを使用すると、段落単位で行頭を下げたり行末を上げたりすることができます。文字列にタブを挿入しなくても、[タブ]パネルの設定だけで適用されます。

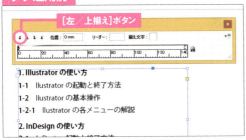

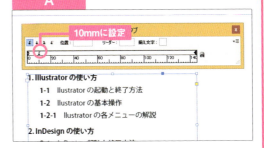

[右／下揃え]タブ以外によく使われるタブに[左／上揃え]があります。

Aは、[左／上揃え]タブを10mmに設定した例です。[左／上揃え]ボタンをクリックして、パネル内の定規上の任意の位置でクリックするか、[位置]に数値を入力して Enter キーを押して設定します。また、複数のタブを適用することも可能です。

Bは、10mmと25mmにタブを設定した例です。3行目の行頭には2個のタブを挿入しています。[書式]メニュー→[制御文字を表示]を選択すると、どこにタブが挿入されているかを確認できます。

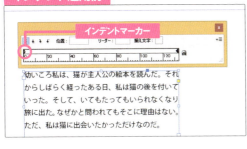

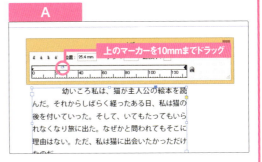

インデントは、[タブ]パネルのタブ定規上にあるインデントマーカーをドラッグして適用します。

1行目だけにインデントを適用する場合は、Aのように上のマーカーだけをドラッグして移動します。

段落全体にインデントを適用する場合は、Bのように下のマーカーをドラッグして両方のマーカーを移動します。

パンフレットを作成する

Example 8

InDesign 新規ドキュメントの作成（マージン・段組）／グリッドガイドの作成／ドロップシャドウ（効果）／スウォッチの適用／不透明度の設定（効果）／［回転］ツール／パッケージ

Photoshop スマートオブジェクト／［移動］ツール／選択範囲の作成／レイヤーマスク

Example 7と同様「ページもの」の作成ですが、ここではドキュメント作成方法に「マージン・段組」を選択して、横組みのレイアウトに挑戦します。

Apprication	
Data Size	210mm × 297mm （A4）8ページ
Sample Data	「Ex08」➡「Ex08完成」➡ 「パンフレットフォルダー」➡「パンフレット.indd」
Grid	

レストランのパンフレットを、文字が少なめ、写真が多めのゆったりとしたデザインで仕上げます。

248

iD Step 1 ラフレイアウトとグリッドガイドの作成

1 コラムを参考に、掲載する情報と写真の内容、デザイン的な流れを考慮し、ラフレイアウトを作成します。

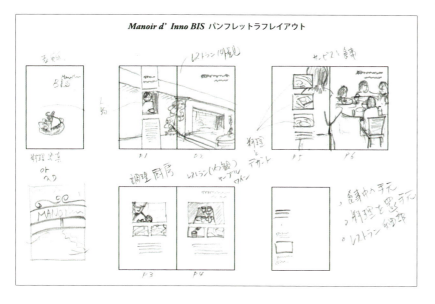

紙面いっぱいに情報を盛込まず、余白を大切にして「抜けのよいデザイン」を心がけます。

2 InDesignを起動します。［ファイル］メニュー→［新規］→［ドキュメント］を選択します。表示される［新規ドキュメント］ダイアログで各種設定を行います。
ここでは、［ドキュメントプロファイル］は「プリント」を選択、［ページ数］に「8」、［開始ページ番号］に「1」と入力、［見開きページ］にチェックを入れ、［ページサイズ］は「A4」、［方向］は「縦置き」、［綴じ方］は「左綴じ」に設定します。［マージン・段組］ボタンをクリックします。

［マージン・段組］
→P.197

パンフレットのデザイン

ここで作成するのは、A4サイズで8ページのパンフレットです。パンフレットとは、一般的にハードカバーのない冊子のことを指します。
パンフレットのような複数ページのデザインは、各ページにふさわしい内容は何かをしっかりと把握することが大切です。表紙に多くの情報を盛込むのは適していません。何のパンフレットかが明確にわかるようなデザインを心がけます。
作例では、表紙をレストラン名称とロゴ、料理の写真で構成しました。2〜3ページでは、レストランの外観を大胆に配置し、オーナーとレストランの紹介をしています。4〜5ページでは、厨房と調理、レストランの内観、6〜7ページでは、実際の食事風景と料理の紹介という構成です。

249

3 表示される[新規マージン・段組]ダイアログで、「マージン」の[天]を「30mm」、[地]を「30mm」、[ノド]を「25mm」、[小口]を「25mm」と設定し、「段組」は初期設定のまま[OK]ボタンをクリックします。

Hint
各マージンを同じ値に設定する場合は、チェーンのアイコンをクリックして の状態にします。

4 ドキュメントウィンドウに、マージンが設定されたページが表示されます。[ページ]パネルを表示して、8ページ作成されていることを確認します。

[ページ]パネルを表示する
→P.199

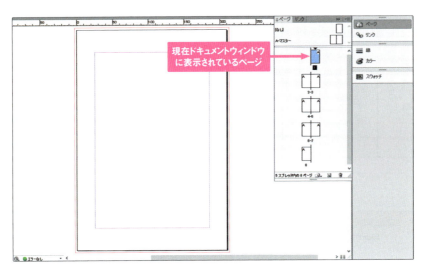

Memo
数字が反転表示されているページが、ドキュメントウィンドウで表示されているページです。

5 [ページ]パネルの「A-マスター」をダブルクリックして、マスターページ「A-マスター」を表示します。

Hint
[レイアウト]メニュー→[ページへ移動]を選択し、表示されるダイアログで「A-マスター」を選択しても表示できます。

6 グリッドガイドを作成します。
[レイアウト]メニュー→[ガイドを作成]を選択し、表示される[ガイドを作成]ダイアログで、「行」の[数]を「0」、「段」の[数]を「8」、[間隔]を「6mm」、「オプション」の[ガイドの適用]に「マージン」を選択し、[OK]ボタンをクリックします。

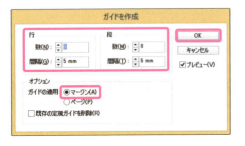

Memo
この作例ではInDesignの機能を使ってグリッドガイドを作成します。P.249のラフレイアウトを参考に、最適なグリッドガイドを考えます。3〜4ページの横並び写真の間隔や1ページ、5ページに入れる写真の横幅を考慮して決定しました。

250

7 ［ページ］パネルで「2-3」をダブルクリックしてドキュメントウィンドウに表示します。
手順⑥で設定したグリッドガイドが反映されています。

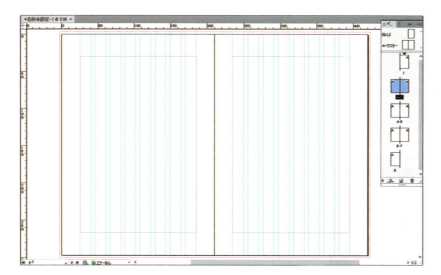

［ページ］パネルのページアイコンに「A」と表示されているページには、マスターページ「A-マスター」の設定が反映されています。

マスターページは複数作成することができます。この作例では、ページ数が少なく、各ページの共通部分もあまりないフリーレイアウトなので、1つしか作成しません。

Ps Step 2 表紙画像の作成

1 Photoshopを起動し、JPEGファイル「ex8_01」を開きます。
［イメージ］メニュー→［モード］→［CMYKカラー］を選択し、CMYKカラーに変更します。
［レイヤー］メニュー→［スマートオブジェクト］→［スマートオブジェクトに変換］を選択し、スマートオブジェクトレイヤーに変換します。

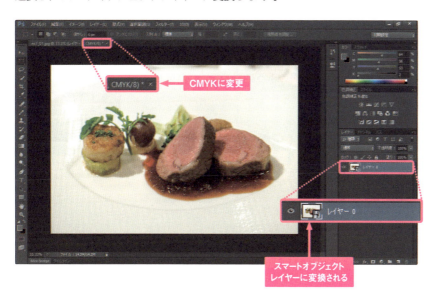

JPEGファイル「ex8_01」は、付録CD-ROMの「Ex08」フォルダー→「Ex08素材」フォルダー内に収録されています。あらかじめパソコンにコピーしておきましょう。

👉 Photoshopでファイルを開く
➡ P.112

👉 CMYKモードに変更する
➡ P.159

スマートオブジェクトレイヤーに変換すると、元の画質を保持したまま、編集が可能になります。

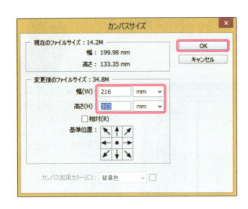

2 カンバスサイズを表紙の大きさにします。[イメージ]メニュー→[カンバスサイズ]を選択し、表示される[カンバスサイズ]ダイアログで、[幅]に「216mm」、[高さ]に「303mm」と入力して、[OK]ボタンをクリックします。

A4サイズ（210mm×297mm）に、上下左右各3ミリの裁ち落とし分を含めたサイズを入力します。

3 [表示]メニュー→[画面サイズに合わせる]を選択し、画像全体を表示します。[移動]ツールで画像を図のような位置に移動します。

[画面サイズに合わせる]のショートカットキーは、Ctrl + 0 キーです。

4 写真の周囲をぼかします。[楕円形選択]ツールで図のように選択範囲を作成します。

[楕円形選択]ツールは[長方形選択]ツールを長押しして選択します。

252

5 [レイヤー]メニュー→[レイヤーマスク]→[選択範囲外をマスク]を選択し、画像をマスクします。

レイヤーマスクの概念については、P.193を参照してください。

6 [レイヤー]パネルでレイヤーマスクサムネールが選択されていることを確認します。
[フィルター]メニュー→[ぼかし]→[ぼかし(ガウス)]を選択し、表示される[ぼかし(ガウス)]ダイアログで、[半径]を「40」pixel程度に設定して、[OK]ボタンをクリックします。写真の周囲にぼかしが入ります。

画像上にマウスポインタを合わせると□の形状になります。クリックするとダイアログにプレビューが表示され、その場所のぼかし具合を確認できます。

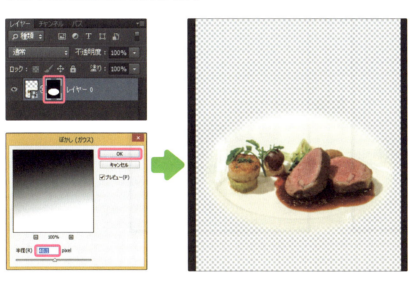

7 背景と皿をなじませ、料理のみを浮き上がらせます。
[レイヤー]パネルで新規レイヤーを作成し、一番下(背面)へ移動します。

新規レイヤーの作成
➡P.066

Example 8 パンフレットを作成する

253

8 ［スポイト］ツールで皿の部分をクリックします。皿の色が描画色に設定されます。

9 ［カラー］パネルで［背景色］を白に設定します。レイヤー「レイヤー1」が選択されていることを確認し、■［グラデーション］ツールで図のように下から上へ垂直にドラッグします。
レイヤー「レイヤー1」が、描画色（皿の色）から背景色（白）へと移り変わるグラデーションで塗りつぶされます。

［背景色］は右側の四角をクリックして設定します。「白」の設定は、「C：0％　M：0％　Y：0％　K：0％」です。

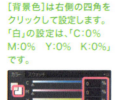

楕円形でマスクされた部分は塗りつぶされません。

10 ［ファイル］メニュー→［保存］を選択し、表示される［別名で保存］ダイアログで、［ファイル形式］で「Photoshop（＊.PSD，＊.PDD）」を選択し、ファイル「表紙」をフォルダー（ここでは「パンフレット」フォルダー）に保存します。

Photoshopで
ファイルを保存する
➡P.175

iD Step 3 表紙の作成

1 InDesignに戻り、表紙を作成します。
［表示］メニュー→［グリッドとガイド］→［ガイドをロック］を選択し、グリッドガイドがずれないようにロックします。
［ページ］パネルで「1」をダブルクリックして、ドキュメントウィンドウに表示します。

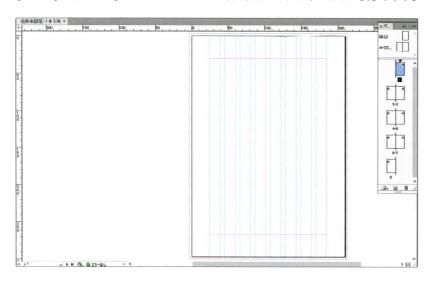

2 画像を配置するグラフィックフレームを作成します。
［長方形フレーム］ツールを選択し、［コントロールパネル］で［塗り］と［線］を「なし」に設定します。

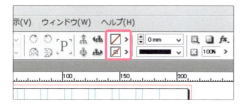

［塗り］と［線］は［カラー］パネルでも設定できます。

3 ［コントロールパネル］の基準点が左上に設定されていることを確認し、ページ左上の裁ち落とし領域の角にマウスポインタを合わせ、クリックします。
表示される［長方形］ダイアログで、［幅］に「216mm」、［高さ］に「303mm」と入力し、［OK］ボタンをクリックします。

216mm×303mmは、A4サイズ（210mm×297mm）に、上下左右各3ミリの裁ち落とし分を含めたサイズです。

[4] 裁ち落とし領域と同じ大きさの長方形が作成されます。これが画像を配置するためのグラフィックフレームとなります。

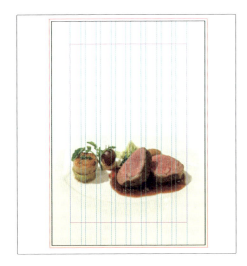

[5] 作成したグラフィックフレームが選択されていることを確認し、Step[2]で作成したPhotoshopファイル「表紙」を配置します。
さらに[オブジェクト]メニュー→[ロック]を選択し、画像をロックします。

画像の配置
➡P.222

[配置]のショートカットキーは、[Ctrl]+[D]キーです。

選択してコピー

[6] Example 1で作成したIllustratorファイル「ロゴ」を、Illustratorで開きます。
[選択]ツールで「bis」部分を選択し、コピーします。

画像をロックしておくと、誤って移動したり削除してしまう心配がなくなりますね。

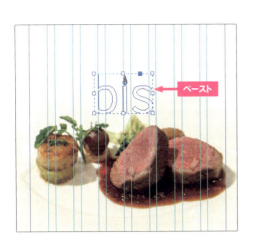

7 InDesignに戻り、ペーストします。

8 ロゴを拡大します。ロゴが選択されていることを確認し、[コントロールパネル]の[拡大／縮小／Xパーセント]に「120%」と入力して、Enterキーを押します。
基準点を左上にして、[X]を「135mm」、[Y]を「26mm」に設定し、ロゴの位置を設定します。

[拡大／縮小／Xパーセント]の右にあるチェーンアイコンが　のときは、[X]または[Y]のどちらかに入力すると、もう一方にも同じ数値が適用されます。

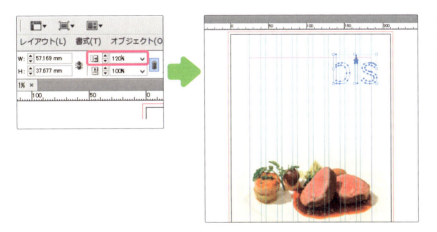

9 ロゴに影を付けます。[オブジェクト]メニュー→[効果]→[ドロップシャドウ]を選択します。図のように設定し、[OK]ボタンをクリックすると、「bis」の文字に影が付きます。

[効果]は適用した後からでも編集できます。[ウィンドウ]メニュー→[効果]で表示されるパネルの「fx」をダブルクリックしてダイアログを表示して設定します。

257

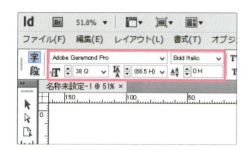

[10] ロゴ「bis」の上下に文字を配置します。
[Shift]+[Ctrl]+[A]キーを押して「bis」の選択を解除します。
[T][横組み文字]ツールを選択し、[コントロールパネル]で欄外のように文字と段落を設定します。

「bis」の選択を解除するのは、オブジェクトが選択されている状態で文字関連ツールを選択しても、[コントロールパネル]で文字設定はできないからです。

[11] ロゴ「bis」の上にテキストフレームを作成し、文字【Manoir d'Inno】を入力します。

●文字設定▶
Adobe Garamond Pro、スタイル：Bold Italic、サイズ：38Q
●段落設定▶均等配置（最終行左／上揃え）

X 135mm W 60mm
Y 15mm H 10mm

お使いの環境によっては、ここで使用しているフォントが表示されない場合もあります。適宜使用可能なフォントに置き換えてください。

[12] 同様にロゴ「bis」の下にテキストフレームを作成し、[コントロールパネル]でサイズを「32Q」と設定し直してから、文字【Cuisine Française】を入力します。

テキストフレームの作成
➡P.212

基準点左上
X 135mm W 60mm
Y 66mm H 10mm

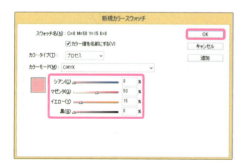

[13] [Shift]+[Ctrl]+[A]キーを押してテキストフレームの選択を解除します。
[スウォッチ]パネルを表示し、パネルメニューから[新規カラースウォッチ]を選択します。表示される[新規カラースウォッチ]ダイアログで、「M：50％ Y：15％」と設定して、[OK]ボタンをクリックします。
新規スウォッチが作成されます。

【ç】の入力は、[書式]メニュー→[字形]を選択し、表示される[字形]パネルの[表示：]で「基本ラテンおよびラテン1」を選択し、「ç」をクリックします。

|14| [選択]ツールで文字【Manoir d'Inno】を選択します。
[スウォッチ]パネルの T をクリックし、作成したスウォッチを適用します。文字の色が変わります。

Memo

作成したスウォッチは、カラー値がスウォッチ名になります。ダイアログの「カラー値を名前にする」のチェックを外して、独自の名前を付けることもできます。

Caution

T をクリックしないと、テキストフレームの[塗り]にスウォッチが適用されてしまいます。

|15| 作成したファイルを保存します。
[ファイル]メニュー→[保存]を選択し、表示される[別名で保存]ダイアログで、ファイル名を「パンフレット」として、フォルダー（ここでは「パンフレット」フォルダー）に保存します。

Memo

作業中は Ctrl + S キーを押して、こまめに保存するようにしましょう。

☞ プレビューモード
➡ P.225

|16| 作成したページを全体表示にし、プレビューモードにして全体を確認します。
表紙の完成です。

Memo

ページ全体を表示するには、[表示]メニュー→[スプレッド全体]を選択します。

iD Step 4　2-3ページの作成

1. ［ページ］パネルで「2-3」をダブルクリックしてドキュメントウィンドウに表示します。
［長方形フレーム］ツールを選択し、断ち落とし領域に沿ってグラフィックフレームを作成します。

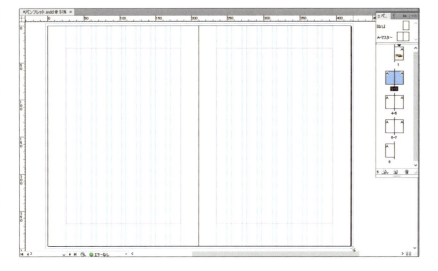

表示モードは標準モードに戻しておきます。

👉 断ち落とし
➡ P.065

2. 作成したグラフィックフレームが選択されていることを確認し、JPEGファイル「ex8_03」を配置します。

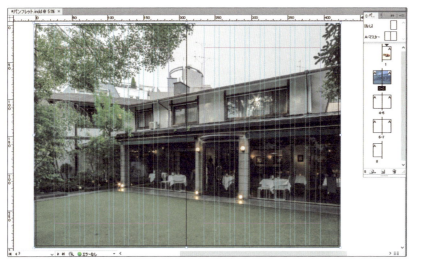

JPEGファイル「ex8_03」は、付録CD-ROMの「Ex08」フォルダー→「Ex08素材」フォルダー→「Photo_CMYK」フォルダー内に収録されています。あらかじめパソコンにコピーしておきましょう。以降で使用するJPEGファイルは、すべて同じフォルダーに収録されています。

👉 画像の配置
➡ P.222

［配置］のショートカットキーは、Ctrl + D キーです。

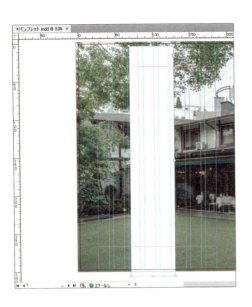

3 文字を配置する半透明の帯を作成します。
[長方形]ツールで2ページの任意の場所をクリックします。表示される[長方形]ダイアログで、[幅]に「60mm」、[高さ]に「303mm」と入力し、[OK]ボタンをクリックします。
長方形が作成されます。

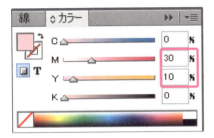

4 [カラー]パネルで[塗り]を「M:30% Y:10%」、[線]を「なし」に設定します。

5 長方形が選択されていることを確認し、[コントロールパネル]で基準点を左上にして、[X]を「75mm」、[Y]を「-3mm」に設定します。

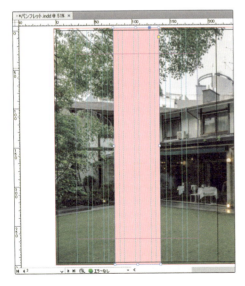

素材を置く場所にあまり神経質にならず、自由にレイアウトしてもよいですよ。

6 [オブジェクト]メニュー→[効果]→[透明]を選択し、表示される[効果]ダイアログで[不透明度]に「90%」と入力し、[OK]ボタンをクリックします。帯が半透明になります。

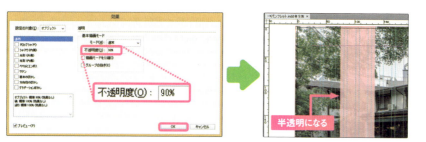

不透明度は、対象のオブジェクトを選択して、[コントロールパネル]で変更することもできます。

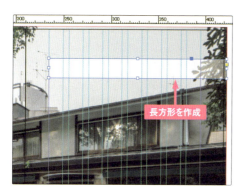

7 手順③～⑥と同様にして、欄外の設定で3ページに長方形を作成します。

基準点左上			
X	235mm	W	188mm
Y	30mm	H	20mm

●塗り▶紙色
●線▶なし
●不透明度▶65%

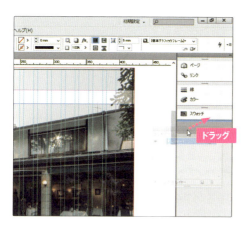

8 [ウィンドウ]メニュー→[レイヤー]を選択して[レイヤー]パネルを表示します。パネルのタイトルバーをドラッグして、ドックに格納します。

レイヤー名の変更は、名前部分をダブルクリックして表示される[レイヤーオプション]ダイアログで行います。

9 元々あるレイヤーの名前を「背景写真」に変更します。新規レイヤーを作成して、レイヤー名を「文字」とします。レイヤー「背景写真」をロックして、レイヤー「文字」を選択します。

[レイヤー]パネルの操作方法は、Illustratorの場合とほぼ同じです。P.066のコラムなどを参照してください。

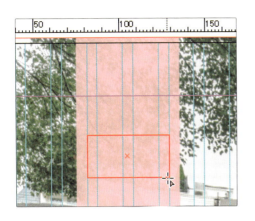

10 [横組み文字]ツールを選択し、[コントロールパネル]で文字と段落を設定します。
グリッドガイドに沿って、図のようにテキストフレームを作成します。

●文字設定▶
小塚明朝 Pro、スタイル：M、サイズ：20Q、行送り：32H、カーニング：メトリクス
●段落設定▶中央揃え

基準点左上			
X	81.25mm	W	47.5mm
Y	51mm	H	24mm

テキストファイル「パンフレット」は、付録CD-ROMの「Ex08」フォルダー→「Ex08素材」フォルダー内に収録されています。あらかじめパソコンにコピーしておきましょう。

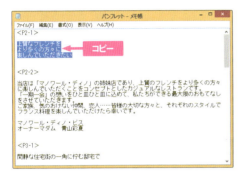

11 メモ帳などのテキストエディタでテキストファイル「パンフレット」を開き、＜P2-1＞のテキストをコピーします。

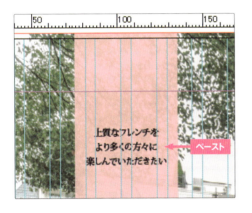

12 InDesignに戻ります。
手順⑩で作成したテキストフレームが選択されていることを確認し、コピーしたテキストをペーストします。

13 手順⑩〜⑫と同様にして、欄外の設定でテキストフレームを作成し、テキストファイル「パンフレット」から＜P2-2＞のテキストをペーストします。

●文字設定▶
小塚明朝 Pro、スタイル：R、サイズ：13Q、行送り：21H、カーニング：和文等幅
●段落設定▶均等配置（最終行左／上揃え）

基準点左上			
X	81.25mm	W	47.5mm
Y	145mm	H	88mm

Example 8 パンフレットを作成する

14 手順⑩〜⑫と同様にして、欄外の設定で3ページにテキストフレームを作成し、テキストファイル「パンフレット」から<P3>のテキストをペーストします。

●文字設定▶
小塚明朝 Pro、スタイル:EL、サイズ:24Q、行送り:36H、トラッキング:50
●段落設定▶左揃え

基準点左上			
X	238mm	W	149mm
Y	32.5mm	H	17mm

15 グラフィックフレームに画像ファイルを読み込み、写真を配置します。
[長方形フレーム]ツールで図のようにグラフィックフレームを作成し、JPEGファイル「ex8_02」を配置します。

画像の配置
➡ P.222

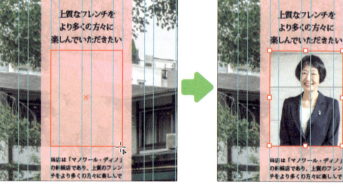

基準点左上			
X	81.25mm	W	47.5mm
Y	77mm	H	60mm

16 [コントロールパネル]の[フレームに均等に流し込む]をクリックして、フレームと写真の横幅を合わせます。
人物の頭部が切れているので、[ダイレクト選択]ツールで写真を選択し、ドラッグして位置を調整します。

17 Shift + Ctrl + A キーを押して、すべての選択を解除します。
[ファイル]メニュー→[配置]を選択して、表示される[配置]ダイアログで Example 1で作成したIllustratorファイル「ロゴ」を選択して、[開く]ボタンをクリックします。
マウスポインタが に変わり、画像のサムネイルが表示されます。任意の位置をクリックすると、ロゴが配置されます。

ここではグラフィックフレームを作成せずに画像を配置しています。

18 Step 3 手順 8 と同様にして、配置したロゴを34%に縮小します。
図の位置に移動します。

基準点左上			
X	92mm	W	—
Y	241mm	H	—

19 作成したページを全体表示にし、プレビューモードにして全体を確認します。

プレビューモード
→P.225

265

iD Step 5 4-5ページの作成

1. ［ページ］パネルで「4-5」をダブルクリックしてドキュメントウィンドウに表示します。

画面表示は標準モードに戻しておきます。

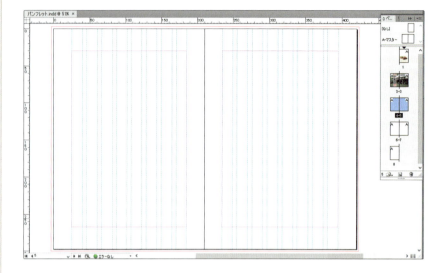

2. ［長方形フレーム］ツールで図のようにグラフィックフレームを作成します。

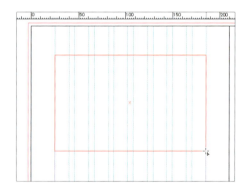

基準点左上			
X	25mm	W	160mm
Y	30mm	H	98mm

3. 写真を配置します。
作成したグラフィックフレームが選択されていることを確認し、JPEGファイル「ex8_04」を配置します。

画像の配置
→P.222

④ 図のようにグラフィックフレームを2つ作成し、JPEGファイル「ex8_05」「ex8_06」を配置します。

配置した写真は、[ダイレクト選択]ツールで図のように見えるように移動します。

写真の表示位置の調整
→P.223

⑤ Shift + Ctrl + A キーを押してすべての選択を解除します。
Step④手順⑩〜⑫と同様にして、欄外の設定でテキストフレームを作成し、テキストファイル「パンフレット」から＜P4＞のテキストをペーストします。

●文字設定▶
小塚明朝 Pro、スタイル:R、サイズ:15Q、行送り:32H
●段落設定▶中央揃え

基準点左上			
X	25mm	W	160mm
Y	198mm	H	69mm

テキストフレームに ＋ が付いている場合は、テキストフレームから文字が溢れています。[選択]ツールでハンドルをドラッグして、テキストフレームを広げます。

ドラッグして広げる

⑥ [選択]ツールで写真とテキストフレームをすべて選択し、Alt + Shift キーを押しながらドラッグして、右ページにコピーします。

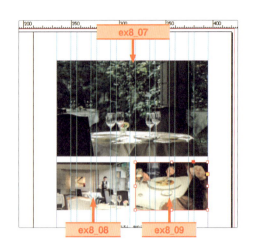

7 図のように写真を配置します。

 Hint

元の写真が配置されたフレームに、同じ手順で新しい写真を配置すると、自動的に新しい写真に入れ替わります。
JPEGファイル「ex8_08」と「ex8_09」は配置後、[コントロールパネル]の [フレームに均等に流し込む]をクリックしてください。

8 Step4手順⑪と同様にして、テキストファイル「パンフレット」から＜P5＞のテキストをコピーします。
元のテキストをすべて選択し、コピーしたテキストをペーストします。

 Memo

カーソルをテキストに挿入して Ctrl + A キーを押しても、テキストフレーム内のすべてのテキストを選択できます。

9 作成したページを全体表示にし、プレビューモードにして全体を確認します。

 プレビューモード
→P.225

268

iD Step 6　6-7ページの作成

1 ［ページ］パネルで「6-7」をダブルクリックしてドキュメントウィンドウに表示します。
［レイヤー］パネルでレイヤー「背景写真」のロックを解除し、選択します。
Step 4 手順①～②と同様にして、JPEGファイル「ex8_10」を配置します。

画面表示は標準モードに戻します。

InDesign CC 2014を使用の場合は、配置の基準点がグラフィックフレームの中央に変更され、写真の見え方が左図とは異なります。

2 写真の傾きを修正します。
［ダイレクト選択］ツールで配置した画像を選択します。
［回転］ツールで画像をドラッグして、皿や窓枠が水平になるように修正します。

［回転］ツールは、［自由変形］ツールを長押しして選択します。

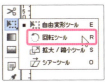

[3] 写真の表示位置を調整します。白い部分が出ないように、[ダイレクト選択]ツールで上へドラッグします。

[4] 写真を縮小します。右下のハンドルにマウスポインタを合わせ、の形状になったら、Shiftキーを押しながら斜め左上へドラッグして縮小します。

Shiftキーを押しながらドラッグすると、画像の縦横の比率が一定に保たれたまま、拡大縮小されます。

[5] Step4手順③〜⑥と同様にして、欄外の設定で長方形を作成します。

基準点左上			
X	66.5mm	W	77mm
Y	50mm	H	200mm

● 塗り▶黒
● 線▶なし
● 不透明度▶85%

Hint
不透明度は、[オブジェクト]メニュー→[効果]→[透明]でも設定できます。

[6] [レイヤー]パネルでレイヤー「背景写真」をロックして、レイヤー「文字」を選択します。
手順⑤で作成した長方形の上に重ねて、[長方形フレーム]ツールでグラフィックフレームを作成し、JPEGファイル「ex8_11」を配置します。

基準点左上			
X	66.5mm	W	77mm
Y	50mm	H	54mm

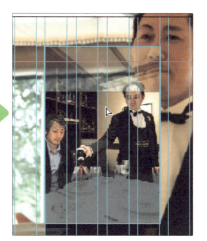

Memo
写真を配置後、[コントロールパネル]の[フレームに均等に流し込む]をクリックし、表示位置を調整します。

[7] 同じサイズのグラフィックフレームを2つ作成します。
Y=117mm、Y=184mmの位置に配置し、JPEGファイル「ex8_12」、「ex8_13」をそれぞれ配置します。

Memo
写真を配置後、[コントロールパネル]の[フレームに均等に流し込む]をクリックし、表示位置を調整します。

Example 8 パンフレットを作成する

8 Shift + Ctrl + A キーを押してすべての選択を解除します。
Step 4 手順 ⑩〜⑫ と同様にして、テキストファイル「パンフレット」から＜P6-1＞のテキストを配置します。

●文字設定▶
小塚ゴシック Pro、スタイル:R、サイズ:10Q、行送り:17H、カーニング:和文等倍
●段落設定▶均等配置（最終行左／上揃え）

基準点左上			
X	68.5mm	W	73mm
Y	106mm	H	8mm

テキストフレームを作成する
テキストを配置

9 Ctrl + A キーを押してペーストしたテキストをすべて選択し、[コントロールパネル]で[塗り]を「紙色」に設定します。

10 [選択]ツールでテキストフレームを選択し、Alt + Shift キーを押しながらドラッグして、その下の2つの写真の下にコピーします。
Y=173mm、Y=240mmの位置に配置します。

コピー
クリック
コピー

272

[11] Step4手順11と同様にして、テキストファイル「パンフレット」から＜P6-2＞のテキストをコピーします。
元のテキストをすべて選択し、コピーしたテキストをペーストします。
同様にして、＜P6-3＞のテキストをペーストします。

[12] ［レイヤー］パネルでレイヤー「背景写真」のロックを解除します。
3ページに移動し、右上の白い帯とテキストの両方を選択して、コピーします。

Memo
［ページ］パネルで「2-3」をダブルクリックして移動します。

[13] 7ページに戻り、［レイヤー］パネルでレイヤー「文字」を選択します。
［編集］メニュー→［元の位置にペースト］を選択します。

Caution
背景写真も一緒にコピーしてしまわないよう、注意しましょう。

「元の位置にペースト」で3ページとまったく同じ位置に帯と文字がコピーされます。

[14] Step④手順⑪と同様にして、テキストファイル「パンフレット」から＜P7＞のテキストをコピーします。
元のテキストをすべて選択し、コピーしたテキストをペーストします。

文字が入りきらない場合は、テキストフレームの右側を広げてください。

[15] 作成したページを全体表示にし、プレビューモードにして全体を確認します。

👉 プレビューモード
➡ P.225

本編のレイアウトはこれで完成です。

iD Step 7 裏表紙の作成

1. [ページ]パネルで「2-3」をダブルクリックして2ページへ移動し、ロゴを選択してコピーします。

2. [ページ]パネルで「8」をダブルクリックしてドキュメントウィンドウに表示します。
ロゴをペーストして、[コントロールパネル]の基準点が左上にあることを確認し、[X]に「15mm」、[Y]に「120mm」と入力します。

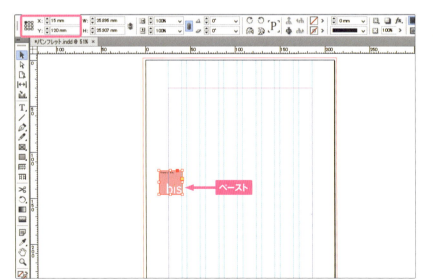

Memo

画面表示は標準モードに戻しておきます。

3 Shift+Ctrl+Aキーを押してロゴの選択を解除します。
Step4 手順⑩〜⑫と同様にして、欄外の設定でテキストフレームを作成し、テキストファイル「パンフレット」から<P8-1>のテキストをペーストします。

●文字設定▶
小塚ゴシック Pro、スタイル:R、サイズ:12Q、行送り:21H
カーニング:和文等倍
●段落設定▶均等配置（最終行左／上揃え）

基準点左上			
X	15mm	W	51.5mm
Y	151mm	H	30mm

4 [長方形フレーム]ツールで、手順③でペーストした文字の下にグラフィックフレームを作成し、JPEGファイル「ex8_14」を配置します。
[コントロールパネル]の[フレームに均等に流し込む]をクリックして、フレームと写真の横幅を合わせます。

基準点左上			
X	15mm	W	51.5mm
Y	184mm	H	35mm

ここではグラフィックフレームを作成せずに画像を配置しています。詳しくはStep4 手順⑰を参照してください。

5 さらにその下に、Example 3で作成したIllustratorファイル「案内図統合」を配置します。

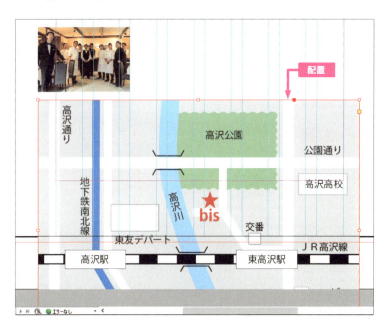

276

| 6 | Step❸ 手順⑧と同様にして、配置した案内図を25.9%に縮小し、位置を確定します。 |

[拡大／縮小 Xパーセント]の右側にあるチェーンアイコンが切れていないことを確認してください。

基準点左上			
X	15mm	W	—
Y	223mm	H	—

| 7 | Step❹ 手順⑩〜⑫と同様にして、欄外の設定でテキストフレームを作成し、テキストファイル「パンフレット」から<P8-2>のテキストをペーストします。 |

●文字設定▶
小塚ゴシックPro、スタイル:R、サイズ:11Q、行送り:16H
●段落設定▶左揃え

基準点左上			
X	15mm	W	50mm
Y	266mm	H	17mm

| 8 | 作成したページを全体表示にし、プレビューモードにして全体を確認します。 |

👉 プレビューモード
➡ P.225

277

iD Step 8 出力用データの作成

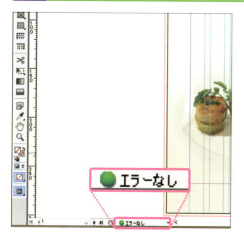

1 印刷所に入稿する出力用のデータを作成します。
手元にプリンターがある場合は、プリントして問題がないか確認しましょう。問題がなければ、作成したページ、配置した画像、使用した欧文フォントなどのファイルを集めて「パッケージ」を作成します。
ドキュメントウィンドウの左下にある［プリフライト］が「エラーなし」なっていることを確認します。

が点灯し、エラー表示になっている場合は、右側の▼をクリックして表示されるメニューから［プリフライトパネル］を選択します。［プリフライト］パネルでエラー内容を確認し修正します。

2 ［ファイル］メニュー→［パッケージ］を選択します。表示される［パッケージ］ダイアログで、ファイルに使用されているフォント、画像、インクなどを確認します。
問題がなければ［パッケージ］ボタンをクリックします。

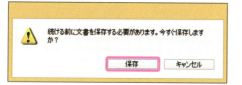

3 保存を確認するダイアログが表示されるので、［保存］ボタンをクリックします。

ファイルが最新状態の場合は、手順③のダイアログは表示されません。手順④に進みます。

4 続いて［印刷の指示］ダイアログが表示されるので、必要事項を入力して［続行］をクリックします。

印刷所の指示書などが別にある場合は、入力しなくてもかまいません。

278

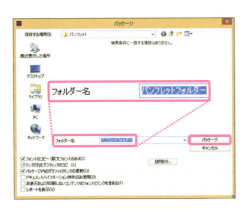

5 [パッケージ]ダイアログが表示されます。保存する場所を指定し、フォルダー名を入力します(ここでは「パンフレットフォルダー」)。
[パッケージ]ボタンをクリックしすると、パッケージが作成されます。

フォルダー名は、初期設定では「(InDesignファイル名)フォルダー」と表示されます。

6 作成されたパッケージ「パンフレットフォルダー」には、「Document fonts(フォント)、Links(リンク画像)、パンフレット(InDesignデータ)、出力仕様書」が保存されます。
印刷の際には、このフォルダーごと印刷所に渡します。

InDesign CC 2014を使用の場合は、このほか、PDFファイルなども保存されます。

索引

キホンの基本

英数字

1本の線	042
CMYK	036
OpenTypeフォント	039
PDF入稿	041
PostScriptフォント	039
RGB	036
TrueTypeフォント	039

あ行

アウトラインフォント	039
アウトラインを作成	040
色の表現方法	036

か行

解像度	038
ガイド機能	045
ガイドラインの作成	045
画像の配置	041
カラー設定	037
カラーマネジメント	037
カラーモード	036
グリッド機能	044
グリッドシステム	042
グリッドシステムによるデザイン	043
格子状の線	043

さ行、た行

シャギー	038
ドキュメントグリッド機能	046

は行、ら行

フォント	039
フォントのアウトライン化	040
フォントのコピー機能	040

フォントのサブセット機能	040
ブロックグリッド	043
ベースライングリッド	047
ホワイトスペース	044
レイアウトグリッド	047

Illustrator

英数字

[Illustratorオプション] ダイアログ	050
JPEG形式	083
[PDFを配置] ダイアログ	072
PNG形式	083
PSD形式	083
TIFF形式	083

あ行

アートボードに整列	108
アートボードを全体表示	123
アウトライン化	057
アウトラインを作成	040, 057
アキを挿入	054
アピアランス	089
[アピアランス] パネル	088
[アンカーポイントの切り換え] ツール	137
[アンカーポイントの削除] ツール	057, 136
一時的に [手のひら] ツールに切り替える	016
一発起動	011
移動	133
移動 (オブジェクトメニュー)	147, 163
[移動] ダイアログ	147
移動方向の固定	091
色の設定方法	052
内トンボ	065
エリア内文字入力	080
欧文ベースライン	078

押し出し・ベベル（効果メニュー）	105
同じ位置にペースト	111, 130
オブジェクト内文字入力	080
オブジェクトの一部を削除	093
オブジェクトの回転	095
オブジェクトの重ね順	097
オブジェクトのコピー	091
オブジェクトの縮小	058

か行

カーニング	054, 119
解像度	150
［回転］ダイアログ	095
［回転］ツール	095
ガイド機能	045
ガイドラインの削除	069
ガイドラインの作成	045, 069
ガイドを隠す	130
ガイドを作成	111
ガイドをロック	069, 146
鍵のアイコン	067
［拡大・縮小］ダイアログ	058, 132
［拡大・縮小］ツール	058, 132
各部名称	012
重ね順	165
画像ファイル形式	083
合体	138
［角丸長方形］ダイアログ	071
［角丸長方形］ツール	071
画面の表示位置の移動	016, 166
画面の表示サイズの変更	016
［カラー］パネル	051, 052
カラーピッカー	052
カラー分岐点	129
環境設定	018
起動	010
矩形で囲むようにして選択する	060
グラデーションスライダー	130
グラデーションスライダーバー	129
［グラデーション］パネル	129
グラデーションマスク	126
グリッド	111

グリッドガイドを表示する	051
グリッド機能	044
グリッドをガイドラインに変換	111
グリッドを表示	051
クリッピングマスク	103, 115, 133
グループ	060, 103, 148
グループ解除	057
原点の設定	068
コントロールパネル	013, 052, 108, 117

さ行

最背面へ	165
仕上がり	065
仕上がり線	065
字送り	119
ジグザグ（パスの変形）	097
［自由変形］ツール	105
終了	010
縮小	132
消去	098
定規を表示	067, 109
［新規ドキュメント］ダイアログ	050
新規ドキュメントの作成	049
新規レイヤーの作成	066
垂直方向中央に整列	108
水平方向中央に整列	108, 138
［ズーム］ツール	016, 051
ズームレベル	012, 051
［スター］ツール	092
すべての選択を解除	086, 120
すべてのレイヤーを結合	102
すべてを選択	101
［スポイト］ツール	122
スマートガイド	017
［スマートガイド］の設定	019
［スムーズ］ツール	097
［整列］アイコン	108
［整列］パネル	138
［線］	056
センタートンボ	065
選択の解除	070
選択範囲に整列	137

索引

[線] パネル	086
線幅	087
操作画面	012
外トンボ	065
[ダイレクト選択] ツール	058, 093, 124
[楕円形] ツール	137
裁ち落とし	065
[タブ] パネル	121
[単位] の設定	018
[段落] パネル	078

た行

中央揃え	122
[長方形] ツール	051, 137
長方形の作成	051
ツールパネル	012
テキストエリア	080
テキストエリアに変換	117
テキストエリアに変換されたオブジェクト	080
テキストエリアのサイズを変更	077
テキストエリアの作成	076, 134
[手のひら] ツール	016
[透明] タブ	128
ドキュメントウィンドウ	012
ドブ	065
トラッキング	054, 119
トリミング	114, 165
トリムマークとは	065
トリムマーク (効果メニュー)	065
トリムマーク作成 (オブジェクトメニュー)	108
ドロップシャドウ (効果メニュー)	168
トンボ	065

な行

ナビゲーター	016
入力の確定	053
[塗り]	056
塗り足し	065
塗り足し幅	065

は行

配置	072, 084, 113

配置できるファイル形式	083
バウンディングボックスを非表示にする	097
バウンディングボックスを表示する	116
パスの自由変形	148
パスの変形	097
パスファインダー	138
パネルオプションの表示	014
パネルのアイコン化	015
パネルの移動	014
パネルの切り替え	014
パネルのグループ化	015
パネルのドッキング	015
パネルの表示	013
パネルメニュー	014
パネルメニューの表示	066
版面	118
左揃えタブ	121
表示範囲を変更	165
ファイルの保存	050
フォントのサブセット機能	040
複合パスの解除	058
複数のオブジェクトを選択	114
プロファイル	050
平均 (オブジェクトメニュー)	136
[別名で保存] ダイアログ	050
変形	073
変形の繰り返し	147
[変形] パネル	073
[ペン] ツール	085
[ペン] ツールを解除	085
ポイント文字入力	080
保存	050

ま行

マスク	115
マスク作成	128
メニューバー	012
文字間のカーニングを設定	118
文字間の調整	119
文字設定	054
文字揃え	078
[文字 (縦)] ツール	100

[文字] ツール	053
文字ツメ	054, 119
文字詰め	118
文字のアウトライン化	057
文字のサイズ	054
文字の種類	054
文字の縦の比率	054
文字の入力	053
文字の入力方法	080
文字の太さ	054
文字の横の比率	054
[文字] パネル	054, 075
[文字] パネルのオプションを表示する	077
文字列の行送り	054

や行、ら行

[ユーザーインターフェイス] の設定	019
ラフスケッチ	049
[リフレクト] ツール	093
両端揃え	078
レイヤー	066
[レイヤーオプション] ダイアログ	066
レイヤーの移動	067
レイヤーの表示／非表示	066
レイヤーのロック／ロック解除	066
[レイヤー] パネル	065
レイヤー名の変更	065, 084
レイヤーの統合	102
ロック	052, 117, 163
ロックを解除	056
[ロックを切り替え] アイコン	067
ワークスペース	015
ワークスペースを初期状態に戻す	015

Photoshop

英数字

[100%] ボタン	026
CMYKカラー	112
Photoshop形式	175
[Photoshop 形式オプション] ダイアログ	175

あ行

赤かぶり	176
明るさ・コントラスト	174, 188
アクション	206
アクションセット	207
アンシャープマスク	183
[アンシャープマスク] ダイアログ	182
一発起動	021
[移動] ツール	252
色かぶり	176
オプションバー	023

か行

各部名称	022
[画像解像度] ダイアログ	039, 112, 150
画像の解像度変換	207
画像の再サンプル	150
傾きの補正	180
[画面サイズ] ボタン	026
[画面にフィット] ボタン	026
画面の表示位置の移動	026
画面の表示サイズの変更	026
カラーバランス	176, 177
[カラーピッカー] ダイアログ	156
カラーモードの変更	112
環境設定	027
カンバスサイズ	252
起動	020
輝度を保持	177
[境界線を調整] ダイアログ	187
切り抜いたピクセルを削除	181
切り抜き	184
[切り抜き] ツール	151, 180
[クイック選択] ツール	185
[グラデーション] ツール	254
[消しゴム] ツール	157

さ行

彩度	179
色調補正	175
[色調補正] パネル	154, 174
自然な彩度	179

283

終了	020
消去	153
白黒（調整レイヤー）	154
新規アクション	207
新規調整レイヤー	154
新規レイヤーを作成	156
ズームアウト	151
ズームイン	151
[ズーム] ツール	026
ズームテキストボックス	022
すべての領域を表示	193
[スポイト] ツール	254
スマートオブジェクトレイヤー	251
選択範囲外をマスク	253
操作画面	022
[属性] パネル	154, 174

た行

[楕円形選択] ツール	252
[多角形選択] ツール	152
[チャンネル] パネル	190
調整レイヤー	175
通常のレイヤー	152
ツールパネル	022
[手のひら] ツール	027
透明部分	192
トーンカーブ（調整レイヤー）	159
ドキュメントウィンドウ	022

な行

ナビゲーター	027
塗りつぶし	156
ねむい写真	182

は行

背景からレイヤーへ	192
背景色	254
背景レイヤー	152, 192
バッチ機能	206
パネルのアイコン化	024
パネルの移動	024
パネルの切り替え	024

パネルの表示	023
パネル名付きアイコン表示	025
パネルメニュー	024
描画色	254
描画色と背景色を入れ替え	157, 190
描画色と背景色を初期設定に戻す	157, 190
描画モード	192
表示レイヤーを結合	155
ファイルの保存	113, 174
ファイルを開く	112, 173
不透明度	192
不要なパネルを閉じる	025
[ブラシ] ツール	157, 189
ブラシのサイズ	157
ブラシプリセットピッカー	157, 185, 189
プロファイル変換	208
別名で保存	174
[別名で保存] ダイアログ	113, 153
ぼかし（ガウス）（フィルタメニュー）	253
保存	174

ま行

マスク範囲の修正	191
メニューバー	022

ら行、わ行

レイヤー	192
レイヤーの選択を解除	191
レイヤーの表示／非表示	192
レイヤーのロック	192
[レイヤー] パネル	192
レイヤーマスク	193
レイヤーマスク機能	189
レイヤーマスクサムネール	189, 193
レイヤーマスクチャンネル	193
[レイヤーマスク表示オプション] ダイアログ	193
レイヤーを削除	158
ワークスペース	025
ワークスペースを初期状態に戻す	025

InDesign

英数字

2階調化（調整レイヤー）	155

あ行

アウトラインを作成	040
アプリケーションバー	030
溢れたテキスト	218
一発起動	029
イメージプロセッサー	208
インデント	247
インデントマーカー	247
欧文ベースライン	226
オーバーライド	210
オブジェクトのコピー	267
オブジェクトの縮小	244

か行

［回転］ツール	269
ガイドをロック	255
各部名称	030
影文字	231
画像の配置	222
紙色	272
画面サイズに合わせる	252
画面の表示位置の移動	034
画面の表示サイズの変更	033
カラーモードの変更	208
環境設定	034
基準点	202
起動	028
行送りの基準位置	226
グラフィックフレーム	221
グリッドガイドの作成	250
グリッド揃え	226
グリッドツール	201
現在のページ番号	202
［効果］ダイアログ	231
効果の編集	257
光彩（外側）（効果メニュー）	231
コピー	267

コントロールパネル	031, 202, 244

さ行

［字形］パネル	241
自動フィット	224
写真の配置	222
終了	028
縮小	244
出力用データの作成	278
新規カラースウォッチ	258
新規段落スタイル	227
新規ドキュメント	035, 196
［新規ドキュメント］ダイアログ	196
［新規レイアウトグリッド］ダイアログ	196
新規レイヤー	220
スウォッチ	211
スウォッチに追加	211
スウォッチ名	259
スウォッチライブラリ	211
［ズーム］ツール	033
スナップ	217
スプレッド全体	229
すべての選択を解除	214, 241
制御文字を表示	247
［線］	214
［選択］ツール	202, 215
操作画面	030

た行

［ダイレクト選択］ツール	223, 264
［縦組みグリッド］ツール	217
［縦組み文字］ツール	212
タブ	247
［タブ］パネル	245
［単位と増減値］の設定	034
段組	197
段落スタイル	227
段落スタイルの適用	228
［長方形］ツール	213
長方形の作成	213
［長方形フレーム］ツール	221, 255
ツールパネル	030

索引

テキストの流し込み	216
[テキストの回り込み] パネル	230
テキストフレーム	201
[テキストフレーム設定] ダイアログ	215
[手のひら] ツール	034
透明	262
ドキュメントウィンドウ	030
ドキュメントグリッド機能	046
ドロップシャドウ	231, 257

な行

内容を縦横比率に応じて合わせる	224
内容を中央に揃える	224
内容をフレームに合わせる	224
[塗り]	214
ノンブル	203
ノンブルの開始ページ	204

は行

配置	222
配置画像の調整	224
パッケージ	278
パネルの移動	032
パネルの切り替え	032
パネルの表示	031
パネルメニューの表示	032
版面	197
パンフレット	249
[左／上揃え] タブ	247
[表示画質] の設定	035
表示モード	225
標準モード	225
ファイルを保存	205
フォントのコピー機能	040
フチ文字	231
不透明度	262
プリフライト	278
プリフライトパネル	278
フレームグリッド	201
フレームに均等に流し込む	223
フレームを内容に合わせる	224
プレーンテキストフレーム	201

プレビューモード	225
ページ全体	203
ページ全体を表示	229
[ページ] パネル	199, 250
ページ番号	203
ページ番号とセクションの設定	204
ページへ移動	200
ベースライングリッド	047
保存	205

ま行

マーカー	202
マージン	197
マージン・段組	035, 197
マスターページ	195
マスターページとして保存	215
マスターページの追加	210
マスターページを置き換える	239
[右／下揃え] タブ	247
右揃え	204
メニューバー	030
[モード] ボタン	225
文字スタイル	227
文字ツール	201
文字を回り込ませる	221
元の位置にペースト	222, 273

や行、ら行、わ行

[横組み文字] ツール	258
ラフレイアウト	249
[リンク] パネル	039
レイアウトグリッド	035, 047, 197
[レイアウトグリッド設定] ダイアログ	198
[レイヤー] パネルの表示	220
レイヤー名の変更	220
ワークスペース	033
ワークスペースを初期状態に戻す	033

送付先FAX番号：03-3403-0582　　メールアドレス：info@xknowledge.co.jp

FAX質問シート
IllustratorとPhotoshopとInDesignを
まるごと使えるようになりたいという欲ばりな人のための本

以下を必ずお読みになり、ご了承いただいた場合のみご質問をお送りください。

● 「本書の手順通り操作したが記載されているような結果にならない」といった本書記事に直接関係のある質問のみ回答いたします。「このようなことがしたい」「このようなときはどうすればよいか」など特定のユーザー向けの操作方法や問題解決方法については受け付けておりません。

● 本質問シートでFAXまたはメールにてお送りいただいた質問のみ受け付けております。お電話による質問はお受けできません。

● 本質問シートはコピーしてお使いください。また、必要事項に記入漏れがある場合は回答できない場合がございます。

● メールの場合は、書名と質問内容や該当ページなどFAX質問シートと同様の項目を必ずご入力のうえ、送信してください。

● ご質問の内容によっては回答できない場合や日数を要する場合がございます。

● パソコンやOSそのもの、ご使用の機器や環境についての操作方法・トラブルなどの質問は受け付けておりません。

ふりがな

氏名　　　　　　　　　　　　　　　　　　年齢　　　　歳　　　　性別　**男 ・ 女**

回答送付先 (FAXまたはメールのいずれかに○印を付け、FAX番号またはメールアドレスをご記入ください)

FAX ・ メール

※送付先をはっきりとわかりやすくご記入ください。判読できない場合はご回答いたしかねます。電話による回答はいたしておりません

ご質問の内容

【本書　　　　　ページ～　　　　　ページ】

※ 例) 214ページの手順10までは操作できるが、手順11の結果が別紙画面のようになって解決しない。

ご使用のパソコンの環境

(パソコンのメーカー名・機種名、OSの種類とバージョン、メモリ量、ハードディスク容量など質問内容によっては必要ありませんが、環境に影響される質問内容で記入されていない場合はご回答できません)

著者紹介

I&D

1994年設立。ソフトウェア・インターフェイス企画開発、広告・WEB・エディトリアル等の企画・デザイン、執筆・コピーライティングなどを中心に活動。主な著書に『プロではないあなたのためIllustrator』(エクスナレッジ刊)などがある。
http://www.i-and-d.jp/

Illustratorと PhotoshopとInDesignを
まるごと使えるようになりたいという
欲ばりな人のための本

CC 2014/CC/CS6対応
for Windows & Mac OS X

2015年3月2日　初版第1刷発行

著　者 ....I&D

発行者 ....澤井聖一
発行所 ....株式会社エクスナレッジ
　　　　　　　　　　　　〒106-0032 東京都港区六本木7-2-26
　　　　　　　　　　　　http://www.xknowledge.co.jp/

問合せ先
編集 ....内容についてのお問合せはP.287のFAX質問シートをご利用ください。
販売 ....TEL 03-3403-1321／FAX 03-3403-1829

無断転載の禁止
本誌掲載記事(本文、図表、イラスト等)を当社および著作権者の承諾なしに無断で転載(翻訳、複写、データベースへの入力、インターネットでの掲載等)することを禁じます。

©2015 I&D